ARCHITEKTUR
FÜR EINSTEIGER

Rolf Schlenker in Zusammenarbeit mit
Katrin Grünewald

ARCHITEKTUR
FÜR EINSTEIGER

belser

Abbildungen Einband:
vorne: Guggenheim Museum, Bilbao © mauritius images/Rudolf Pigneter
hinten (v.l.n.r.): Athen, Parthenon © Hervé Champollion/akg-images;
Abteikirche Maria Laach, Fotograf: Michael Jeiter;
Indien, Taj Mahal © akg-images/Werner Forman; New York, Chrysler Building © akg-images/
Andrea Jemolo

Redaktion: Dirk Zimmermann M.A.
Bildredaktion: Katrin Grünewald M.A.
Grafische Gestaltung und Satz: Populärgrafik, Stuttgart
Zeichnungen: Johannes-Christian Rost, Stuttgart
Reproduktionen: Zanotto Silverio & C., Tezze, Italien
Gesamtherstellung: Print Consult, München

Wir danken der gesamten „Nie wieder keine Ahnung! Architektur"-Redaktion des SWR, insbesondere Rolf Schlenker und Katrin Grünewald für die hervorragende und effektive Zusammenarbeit bei diesem Buchprojekt. Unser besonderer Dank gilt auch den beiden Experten der Sendung, Professor Raimund Wünsche und Professor Andreas Hild, ohne die dieses Buch nicht hätte zustande kommen können.

© 2011 by Chr. Belser Gesellschaft für Verlagsgeschäfte GmbH & Co. KG, Stuttgart.
Alle Rechte vorbehalten.

Bibliografische Information der Deutschen Nationalbibliothek.
Die Deutsche Nationalbibliothek verzeichnet diese Publikation in der Deutschen Nationalbibliografie; detaillierte bibliografische Daten sind im Internet über http://dnb.d-nb.de abrufbar.

ISBN 978-3-7630-2588-6

INHALT

	Einführung	6
	Die beiden Experten	8

» Kapitel 1   Die Geschichte der Architektur in neun Stationen   10

Station 1	**Die Jungsteinzeit** | Stonehenge	12
Station 2	**Die Antike** | Der Parthenon	20
Station 3	**Die Romanik** | Maria Laach	30
Station 4	**Die Gotik** | Notre-Dame de Chartres	42
Station 5	**Die Renaissance** | Der Palazzo Medici-Riccardi	50
Station 6	**Der Barock** | Schloss Versailles	56
Station 7	**Der Klassizismus** | Der Königsplatz in München	66
Station 8	**Der Historismus** | Der Kristallpalast	72
Station 9	**Die Moderne** | Das Chrysler Building	78
	Von Stonehenge zum Chrysler Building | War das jetzt alles?	84

» Kapitel 2   Die Technik des Bauens anhand von fünf Baumaterialien   88

Baustoff 1	Holz	90
Baustoff 2	Stein	94
Baustoff 3	Ziegel	98
Baustoff 4	Beton	104
Baustoff 5	Gusseisen/Stahl	110

» Kapitel 3   Die drei Protagonisten der Architektur   116

Der Architekt	118
Der Bauherr	140
Der Nutzer	147
Personenregister	158
Zu den Autoren	160

Einführung

Was hat das Foto eines »angeordneten Gedränges« im Rugby am Anfang eines Buchs über Architektur zu suchen? Nun: Die Kräfte, die verhindern, dass die rohen Kerle nach vorne stürzen, sind dieselben, die auch die Kuppel des ehrwürdigen Doms von Florenz zusammenhalten.
Keine Frage: Das könnte man auch deutlich detaillierter und komplizierter erklären, aber warum sollte man das ohne Not tun? »Manche Menschen benützen ihre Intelligenz zum Vereinfachen, manche zum Verkomplizieren«, sagte Erich Kästner einmal – und das hat einige Kulturredakteure des SWR angespornt. Sie entwickelten 2009 die Fernsehsendung »Nie wieder keine Ahnung!«, in der die wichtigsten Disziplinen der sogenannten Hochkultur nach folgender Methodik aufgearbeitet werden:

- » Alles weglassen, was man als Einsteiger (noch) nicht braucht!
- » Alles, was man braucht, auf die Grundidee reduzieren!
- » Das Reduzierte so formulieren, dass es auch jeder versteht!

»Architektur für Einsteiger« ist das zweite Buch, das auf dieser Sendeidee basiert. Der Vorgängerband hieß »Kunst für Einsteiger« und schilderte die gesamte 18 000 Jahre alte Geschichte der Malerei anhand von nur vierzehn Gemälden und fünf Gattungen – und das Ganze ohne ein Wort Fachchinesisch.

Dieses Buch verspricht nun, Ihnen die ganze Geschichte der Architektur anhand von nur neun Gebäuden und fünf Baustoffen zu erklären – und nebenbei lernen Sie noch die drei wichtigsten Protagonisten der Architektur kennen.

Mehr nicht! »Neun-fünf-drei« ist damit die Basisformel dieses Buchs. Nach der Lektüre werden Sie wissen, warum und wann Architektur begann, dass Beton überhaupt kein moderner Baustoff ist, warum man in Hochhäusern eigentlich seekrank werden müsste – und: Was genau nun in der Kuppel des Florentiner Doms sich so ineinanderverhakt wie die Schultern und Arme in dem schwitzenden Männerhaufen auf der Fotografie links.

Die beiden Experten

Professor Raimund Wünsche – LeserInnen des Vorgängerbandes »Kunst für Einsteiger« kennen ihn bereits – wurde 1944 in Bayern geboren. Er ist Archäologe und Kunsthistoriker. Der leitende Sammlungsdirektor der Glyptothek und der Staatlichen Antikensammlung in München ist ein exzellenter Kenner der Architektur von den Anfängen bis an die Schwelle der Moderne – und ein großartiger Erzähler. Er kennt nicht nur die kunstgeschichtlichen Fakten, sondern auch die menschlichen Schwächen, Eitelkeiten und Intrigen, die im Hintergrund großer Bauprojekte eine oftmals gar nicht so kleine Rolle spielten und die Materie lebendig werden lassen.

Professor Andreas Hild wurde 1961 in Hamburg geboren. Er ist Architekt und leitet seit 1992 sein eigenes Architekturbüro in München. In der Sendung wie im Buch ist er der Experte für die Moderne, der spannende Einblicke »hinter die Kulissen« gewährt. In seiner Person verbinden sich in idealer Weise Theorie und Praxis, denn ihm ist der Bauhelm genauso vertraut wie das Vorlesungspult. »Wie gehen Häuser?« lautete zum Beispiel der Titel einer seiner Vorlesungen an der Hochschule für Angewandte Wissenschaften in Winterthur. Klingt wie der Titel einer Kindersendung – war aber ein Vortrag über das komplexe Zusammenwirken aller am Prozess »Architektur« Beteiligten.

Professor Raimund Wünsche

Die beiden Experten

Enie van de Meiklokjes

In der SWR-Fernsehsendung »Nie wieder keine Ahnung! Architektur« sind die beiden Experten die Coaches von Enie van de Meiklokjes, seit vielen Jahren Fernsehmoderatorin und vielen vor allem aus ihrer Zeit bei »Bravo-TV« bekannt. Wie viele andere Menschen interessiert sich auch Enie für Architektur, hatte aber – wie viele andere auch – nie so richtig Zeit gehabt, sich eingehend mit diesem faszinierenden Thema zu befassen. Nach drei Sendungen zu je dreißig Minuten war das völlig anders: Jetzt hatte sie einen kompletten Überblick – von den ersten Pfahlbauten über die antiken Tempel, die gotischen Kathedralen oder die barocken Schlösser bis zum Burdsch Chalifa in Dubai, dem mit 828 Metern höchsten Gebäude der Welt.

Nach Enie wenden sich Raimund Wünsche und Andreas Hild nun ihrem nächsten neugierigen Partner zu: Ihnen!

Wie Enie van de Meiklokjes werden auch Sie am Ende das Überblickswissen haben, das Sie so richtig hungrig machen wird, sich noch weiter in diese aufregende Welt der Architektur hineinzubegeben – davor liegen jetzt aber erst mal neun Gebäude, fünf Baustoffe und drei Protagonisten der Architektur. Und viele spannende Geschichten.

Viel Freude bei der Lektüre!

Rolf Schlenker, im November 2010

Andreas Hild

DIE GESCHICHTE
IN NEUN

DER ARCHITEKTUR STATIONEN

Bitte festhalten: Dies wird ein strenger Galopp, Sie stürmen in diesem Kapitel durch 11 000 Jahre Architekturgeschichte. Aber: Von den unzähligen Gebäuden, die in dieser Zeit erbaut wurden, brauchen Sie zunächst nur neun zu kennen. Nicht, weil es die anderen nicht wert wären ... Nein: Wenn Sie diese neun bahnbrechenden Bauwerke kennen, dann kennen Sie die großen Entwicklungslinien und die Basics der europäischen Architekturgeschichte. Und das ist schon mal eine gute Grundlage. Also: Los!

STATION 1
DIE JUNGSTEINZEIT | STONEHENGE

Wie Milchkühe und Gartengemüse die Architektur förderten

Wie begann das eigentlich mit der Architektur? Wann verspürte der Mensch den Wunsch, Häuser zu bauen? Und weshalb?
Um die Motive Ihrer Vorfahren besser nachvollziehen zu können, sollten Sie einen Moment lang versuchen, sich ihren Wohnort vorzustellen: Statt Ihres Hauses und den vielen anderen Häusern in der Nachbarschaft sehen Sie ein endloses Meer an Bäumen und Büschen, das sich in alle Himmelsrichtungen erstreckt; darüber liegt – statt Verkehrsrauschen – das Gekreisch von zahlreichen Vögeln, während zwischen den Bäumen gemächlich eine Herde Wild dahintrottet. Und die Menschen? Die ziehen – in einigem Abstand – der Herde hinterher, stets bereit, jede Chance zu nutzen, um eines der scheuen Tiere zu erlegen. Die Männer sind zottelig, in Felle gehüllt, mit Speeren und Steinäxten bewaffnet, die Frauen haben kleine Kinder bei sich. Sie nehmen alles an Kräutern, Früchten und Wurzeln mit, was nur irgendwie essbar erscheint. »Sammler und Jäger« nennt man heute die Menschen dieser Zeit und bezeichnet damit ihre Lebensweise, die sich an dem Zugrhythmus der Tiere orientiert. Geschlafen wird in sogenannten »Abris« – das sind geschützte Plätze unter überhängenden Felsen – oder in provisorischen Hütten aus Zweigen und Reisig. Sie ahnen vielleicht bereits, worauf diese Beschreibung hinaus will: Wer ein solches Leben in ständiger Bewegung führt, der baut kein Haus! Er hat einfach nicht die Zeit dazu. Und auch nicht den passenden Lebensstil.
Doch dann – vor etwa 7500 Jahren – kam es in unseren Breiten zu einer Wende: Die Menschen machten nach und nach Schluss mit Sammeln

Abbildung Seite 10–11:
Die Pyramiden von Gizeh wurden zwischen 2620 und 2500 vor Christus erbaut. In nur 120 Jahren entstanden monumentale Kultstätten für die drei Pharaonen Cheops, Chefren und Mykerinos. Die berühmten Pyramiden liegen in der Nähe der ägyptischen Hauptstadt Kairo.

Wie Milchkühe und Gartengemüse die Architektur förderten

und Jagen; sie hatten offenbar genug von dieser Mühsal, Unrast und Unsicherheit und entwickelten sich aus der Mittelsteinzeit (Mesolithikum) hinüber in die Jungsteinzeit (Neolithikum) – ein Schritt, der so dramatische Konsequenzen hatte, dass die Wissenschaft ihn mit einem Begriff beschreibt, den man sonst nur für die gewaltigsten der gewaltigen Umbrüche in einer Gesellschaft verwendet: Revolution! Das zentrale Merkmal dieser »Neolithischen Revolution« war das Sesshaftwerden unserer Vorfahren. Nun mag der eine oder andere das Wort »Sesshaftigkeit« eher mit »Sitzfleisch haben« als mit aufrührerischem Elan in Verbindung bringen. Dennoch löste das Sesshaftwerden eine grundlegende gesellschaftliche Umwälzung aus, die ähnlich weltumspannende Folgen hatte wie später die Erfindung der Dampfmaschine oder des Computers, denn mit dieser Neolithischen Revolution änderte sich das Leben unserer Vorfahren grundlegend. Und das ist der Stoff, aus dem diese erste Revolution der Menschheitsgeschichte gemacht ist: Zwei Ideen, beide ebenso genial wie naheliegend.

Am Wasser gebaut
Steinzeitliche Siedlungen, hier die Rekonstruktion von Pfahlbauten der Jungsteinzeit in Unteruhldingen (um 2500–1500 vor Christus), finden sich häufig an Seen. Gewässer boten viel Nahrung, und der weiche Untergrund war für Pfahlgründungen besonders geeignet.

Idee 1: Statt ständig zeitraubend den Tieren hinterherziehen zu müssen, um sie zu erlegen, fängt man besser einige ein, hindert sie durch Holzzäune am Weglaufen und schlachtet immer nur so viele, dass sie sich weiter vermehren können!

Idee 2: Statt dauernd auf der mühseligen Suche nach essbaren Pflanzen riesige Strecken zurücklegen zu müssen, gräbt man sie besser aus oder sammelt ihre Samen, pflanzt sie ein paar Schritte neben

Alltag in der Steinzeit
Feuerstellen waren der Mittelpunkt steinzeitlicher Dörfer. Zum Feuermachen benötigte man »Feuerstein«. Das Gestein diente auch als Material für Werkzeuge. Szenenfoto aus: SWR Steinzeit – Das Experiment.

der heimischen Behausung in den Boden und wartet auf die Ernte! Damit waren Viehzucht und Ackerbau erfunden. Es war der richtige Zeitpunkt gekommen, um sich dem Bau von Häusern zuzuwenden und diese Technik ständig zu perfektionieren.

Die Frage, woraus man ein Haus bauen sollte, wurde dabei von der Umgebung beantwortet: Das, was da war, diente als Baustoff. Rund um den Bodensee zum Beispiel war es das Holz und die Menschen am See schufen daraus den Typus »Pfahlbau« (siehe Abbildung Seite 13). Ein faszinierender Seitenaspekt: Überall in Europa, ja sogar auf der ganzen Welt, wo in wassernahem, waldreichem Gelände Bauten errichtet wurden, folgten sie einem ähnlichen Bauprinzip. Das heißt, in den Köpfen der Menschen hatte sich offenbar ähnliches Wissen gesammelt, und dieses regte sie zu ähnlichen Konstruktionen an.

Wie Milchkühe und Gartengemüse die Architektur förderten « 15

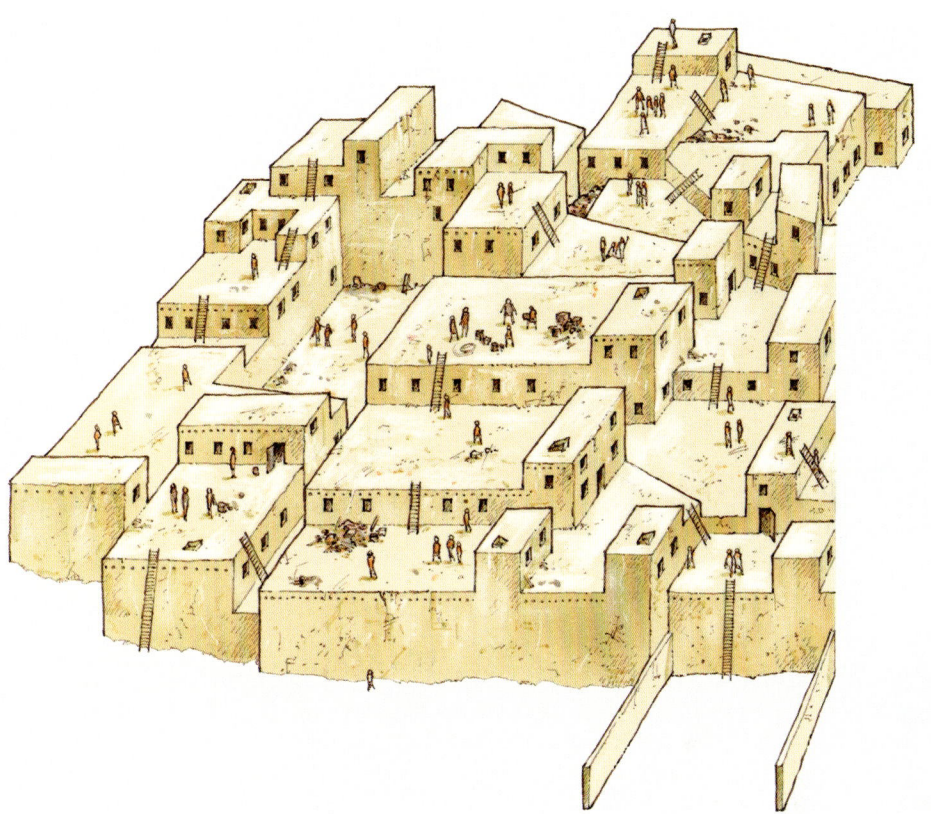

Frühe Großsiedlung
Catal Höyük im fruchtbaren Hochland von Anatolien. Straßen gab es, wie diese Teilrekonstruktion der Ausgrabungen zeigt, keine – die Lehmhäuser waren dicht an dicht gebaut.

In unseren Breiten begann diese Entwicklung zwischen 6000 und 5000 vor Christus, andernorts war man noch früher dran gewesen. Zum Beispiel in der Türkei. Dort hatte die Neolithische Revolution bereits vor 11 000 Jahren begonnen, und dort finden sich auch die Überreste der ältesten Stadt der Welt: Catal Höyük, rund 9000 Jahre alt. Mehrere Tausend Menschen hatten hier – rund 40 Kilometer vom heutigen Konya entfernt – ihre rechteckigen Häuser nebeneinandergesetzt. In Anatolien war nicht Holz der vorherrschende Baustoff, hier bot die Natur etwas anderes an: Lehm, den die Menschen zu Ziegeln weiterverarbeiteten.

Einige Hundert Häuser schmiegen sich auf dem Plateau von Catal Höyük aneinander, jedes mit einem Zugang übers Dach, innen mehrere Stockwerke, Treppen, Küche, Wohnzimmer, an den Wänden faszinierende

Fresken – und alles ganz offensichtlich nicht zufällig errichtet, sondern durch und durch nach Plan.

Die Architektur war entstanden. Mit Tieren und Pflanzen, die man zu züchten begann, fing es an. Mit Milchvieh im Stall und Gemüse im Garten. Dann folgten der Hausbau, die Perfektionierung von Werkzeugen, Waffen, Keramikgefäßen, Möbeln, Mode, Musikinstrumenten – kurz gesagt: Damals begann all das, was wir heute mit dem Begriff »Kultur« bezeichnen. Eine richtige Revolution eben.

Stonehenge in Südengland

Niemand weiß, ob die Menschen, die um 3000 vor Christus auf einer unwirtlichen Hochebene nahe des südenglischen Salisbury lebten, einer Religion anhingen, ob sie Götter besaßen und zu ihnen beteten oder für sie opferten. Auf jeden Fall bauten sie aus gewaltigen Steinblöcken eine Anlage, die weder als Wohnhaus, Stall oder Scheune taugte: Stonehenge. Das Areal besteht

> ### Stonehenge
>
> **Bauzeit:** 3100–1700 vor Christus
>
> **Besonderheit:** Stonehenge wurde ungewöhnlich lange als Kultstätte genutzt. Im Vergleich zu anderen neolithischen Steinkreis-Monumenten ist die Hufeisenform nur selten anzutreffen. Einmalig ist die Tatsache, dass hier eine typische Holzbauweise auf einen Steinbau übertragen wurde. Das zeigen die steinernen Zapfen, mit denen die quer liegenden Deckplatten mit den aufgerichteten Steinen verbunden sind.

aus einem kreisrunden Graben mit einem Durchmesser von etwa 115 Metern, in dessen Inneren später mehrere konzentrische Kreise aus bis zu rund 7 Meter hohen Megalithsteinen gebildet wurden.
»Die Menschen wollten etwas Großes schaffen, den Göttern gleich, und das mit Architektur! Solche Anlagen wie Stonehenge bauten die Menschen nur, weil ihnen der Grund dafür sehr wichtig gewesen sein muss. Vermutlich spielte ein Kult eine Rolle. Aber welcher es genau war, der sie dazu brachte, Stonehenge zu bauen, wissen wir nicht«, meint Professor Raimund Wünsche. Die Arbeitsleistung der Menschen aus der Jungsteinzeit mit ihren meist einfachen Stein- und Holzwerkzeugen war gigantisch: Mehrere Millionen Mannstunden stecken in dem Projekt. Am aufregendsten ist dabei der Umstand, dass es bestimmte Steine, die

Stonehenge
Legendäre Kultstätte der Jungsteinzeit in Südengland. *(Vorige Seite)*

Gebauter Kalender
Am Tag der Sommersonnenwende geht die Sonne über dem Fersenstein auf. Der Monolith besteht aus Sandstein und ist mit 4,7 Metern Höhe kleiner als die übrigen Steine.

sogenannten »Blausteine« des inneren Rings, gar nicht in der Nähe gab, sondern nur in einem Steinbruch im heutigen Wales, rund 240 Kilometer weit entfernt. Diese Blausteine wogen bis zu fünf Tonnen, die verwendeten Sandsteine aus einem 30 Kilometer entfernten Steinbruch gar bis zu 40 Tonnen, und unwillkürlich fragen wir uns: Wie haben es die Steinzeitmenschen geschafft, diese Steinkolosse über solch riesige Entfernungen zu bewegen, welche Hilfsmittel hatten sie? Diese Frage lässt Steinzeitfans seit Jahrzehnten nicht zur Ruhe kommen: Auf Seite 95 dieses Buches finden Sie einige der faszinierendsten Theorien.

Stonehenge wurde um 3100 vor Christus begonnen, der Bau dauerte rund 1400 Jahre. Um 2600 vor Christus gab es eine sehr interessante Änderung: Nordöstlich des Eingangs zum Steinkreis wurde in einigem Abstand ein Stein aufgerichtet, der sogenannte »Fersenstein«. Er ist einer der Gründe, warum Stonehenge das Ziel von Esoterikfans aus aller Welt ist: Denn einmal im Jahr, am 21. Juni, dem Tag der Sommersonnenwende, geht die Sonne – vom Mittelpunkt des Steinkreises aus gesehen – exakt hinter diesem Stein auf. Zufall? Nein! Denn diese Art vorgeschichtlicher Himmelsobservatorien gab es überall im jungsteinzeitlichen Europa. Im heutigen Goseck (Sachsen-Anhalt) hatten Steinzeitmenschen zum Beispiel bereits vor rund 7000 Jahren – also noch einmal zwei Jahrtausende vor der Fersenstein-Inbetriebnahme – einen großen hölzernen Palisadenring errichtet, der einem ähnlichen System folgte: Nur an einem einzigen Tag – in diesem Fall war es die Wintersonnenwende am 21. Dezember – ging die Sonne exakt hinter einem Tor im Zaun auf und hinter einem zweiten unter. Wozu das Ganze? Nun: Wer die Wintersonnenwende bestimmen konnte, wusste ziemlich exakt, wann die neue Vegetationsperiode begann, und konnte sich auf die Aussaat vorbereiten, denn ab jetzt wurden die Tage wieder länger. Ähnlich war es bei der Sommersonnenwende: Wenn die Tage wieder kürzer wurden, war es Zeit, schon mal an die Ernte zu denken. Das war zumindest einer der Zwecke von Stonehenge: Der Steinkreis fungierte als Sonnenobservatorium und war somit ein erster Kalender – eine wissenschaftliche Spitzenleistung in einer Zeit, von der wir glauben, dass sie nur von keulenschwingenden Zauseln bevölkert war. Ein Irrtum: Architektonische Meisterleistungen wie Stonehenge beweisen das Gegenteil.

STATION 2
DIE ANTIKE | DER PARTHENON

Als das Nord-Süd-Gefälle noch ein Süd-Nord-Gefälle war

Kurz nochmals rekapituliert: Vor rund 11 000 Jahren begann die Neolithische Revolution im »fruchtbaren Halbmond«, heute die Region Israel, Syrien, Südtürkei, Irak, Iran. Bis die Entwicklung dann letztendlich bei uns ankam, gingen weitere 3500 Jahre ins Land. Das heißt: Es gab damals einen höher entwickelten Süden und einen hinterher hinkenden Norden, also so ziemlich genau das Gegenteil unserer heutigen Welt, in der die reichen Industriestaaten im Norden den armen Entwicklungsländern im Süden gegenüberstehen. Statt eines Nord-Süd-Gefälles gab es damals ein Süd-Nord-Gefälle. Als zum Beispiel um 2600 vor Christus

Die Pyramiden von Gizeh
Die Geschichte der Architektur beginnt mit monumentalen Kultstätten.

die jungsteinzeitlichen Stonehenge-Erbauer noch mühsam den 7-Meter-Fersenstein in die Senkrechte wuchteten, spielten die Ägypter bereits in einer ganz anderen Liga und bauten rund 150 Meter hohe Pyramiden. Offenbar bot der Süden damals einen gewaltigen Entwicklungsvorteil, das fruchtbare Gebiet im Hinterland des Mittelmeers brachte jedenfalls eine Hochkultur nach der anderen hervor: Minoer, Ionier, Phönizier, Ägypter oder Perser – und da »kulturell hochentwickelt« leider schon damals nicht gleichbedeutend mit »besonders kultiviert« war, war das eine sehr blutige Zeit voller Eroberungen und Kriege.

Im 8. Jahrhundert vor Christus erreichte eine dieser Kulturen eine Vorrangstellung: Die Griechen begannen nach und nach zahlreiche Städte am Mittelmeer zu gründen und auch den Handel zu kontrollieren. Was in der Folge dieser Expansion geschah, war ein beispielloser Triumphzug unserer Kulturbereiche: Ob Wissenschaft, Mathematik, Astronomie, Philosophie, Architektur, Bildhauerei, Literatur oder Theater – alles wurde hier, im antiken Griechenland, zu einer Perfektion getrieben, vor der wir selbst heute noch tief den Hut ziehen. Klar, dass hier auch *das* Bauwerk der Antike steht, ein Gebäude, das jedes Kind kennt: Der Parthenon. Wie? Nicht die Akropolis? Nein: Akropolis heißt der Berg, Parthenon der weithin sichtbare Tempel darauf.

Gut zu verteidigen
Die Akropolis, der Burgberg Athens, ist ein schroff abfallendes Felsplateau, das bereits in der Frühzeit besiedelt war.

Der Parthenon Der Tempel sollte Stärke demonstrieren und wurde deshalb mit mächtigen dorischen Säulen ausgeführt. *(Nächste Seite)*

Der Parthenon in Athen

Wie so oft ging einer Blütezeit ein Desaster voraus: 480/479 vor Christus hatten die Perser Athen bei einer Belagerung völlig zerstört. Doch noch im selben Jahrhundert ließ Athens Führer Perikles den Tempelberg neu konzipieren – und zwar so, dass es auch heute noch jeden tief berührt, wenn er das Wahrzeichen Athens zum ersten Mal live erlebt: Auf einem 156 Meter hohen Kalksteinplateau steht die strahlend weiße Tempelanlage aus Penteli-Marmor hoch über der Stadt, »schon weit draußen auf dem Meer sah man dieses Bauwerk und wusste sofort, dass hier eine Großmacht herrschte«, meint Andreas Hild, »das ist Überwältigungsarchitektur.«

Der größte Bau ist mit rund 70 Metern Länge der Parthenon-Tempel. Parthenon bedeutet – wörtlich übersetzt – »Jungfrauengemach«, er war der Schutzheiligen der Stadt, Athene, gewidmet, einer Göttin, die schon allein deshalb auffällt, weil sie in dem ansonsten äußerst sinnesfrohen Götterclan auf ihre Jungfräulichkeit achtete. Im Innern des Tempels, in der »Cella«,

---

Der Parthenon

Architekt: Iktinos und Kallikrates

Bauzeit: 447–432 vor Christus

Besonderheit: Mit acht statt sechs Säulen an der breiten Front weicht der Tempel vom bisherigen Schema ab. Der Baukörper einschließlich der Dachplatten besteht ganz aus Marmor. Die gemauerte Cella im Inneren wird von einem Ring aus Säulen umschlossen.

Bunte Antike
Wie die meisten Tempelbauten der griechischen Antike war auch der Parthenon, den diese Rekonstruktionszeichnung zeigt, farbig gefasst.

befand sie sich deshalb als überlebensgroße Statue, rund 12 Meter hoch, aus Gold und Elfenbein gefertigt, fast ebenso kostspielig wie der gesamte Tempel selbst, erfährt man auf www.akropolis.gr: »Vermutungen zufolge wurde das Kunstwerk in spätrömischer Zeit entwendet und nach Konstantinopel verbracht, wo sich seine Spur verlor«.

Ein heißer Tipp für den, der dennoch wissen will, wie die Statue aussah: Zwischen 160 und 175 nach Christus reiste ein heimischer Schriftsteller, Pausanias, durch Griechenland und verfasste den Reisebericht *Die Beschreibung Griechenlands* – die Urmutter aller Reiseführer. Heute noch schätzen es Touristen, sich mit diesem Klassiker durch Griechenland zu bewegen: Sie stehen vor einem Trümmerhaufen und lesen eine Beschreibung aus einer Zeit, in der dieser noch ein intaktes Gebäude war – ein fantasievolles Vergnügen. Über die inzwischen verschwundene Athene-Statue heißt es bei Pausanias: »Die Statue selbst besteht aus Elfenbein und Gold. Mittig auf ihrem Helm sieht man eine Sphinx … und an den Helmseiten befinden sich Greifenreliefs. … Die Statue der Athene steht aufrecht, ist mit einem Chiton bekleidet, der bis zu den Füßen hinabreicht, auf der Brust befindet sich der aus Elfenbein gearbeitete Kopf der Medusa.«[1]

»Was macht man eigentlich in einem Tempel?«, fragt Reinhold Wünsche gerne. Und eine äußerst gerne gegebene Antwort heißt: »Ist doch klar: Götter anbeten.« Doch eben das stimmt nicht und unterscheidet einen griechischen Tempel auch grundsätzlich von einem christlichen Gotteshaus: Während man sich in einer Kirche versammelt, gemeinsam betet,

Kultstätte für die Göttin
Der Parthenon war der Göttin Athene geweiht. Sie thronte, wie die Rekonstruktionszeichnung verdeutlicht, als kostbare Statue in der Cella, dem heiligsten Raum im Inneren des Tempels.

singt oder Predigten anhört, ist ein Tempel für die große Masse eine No-go-Area: Der Eintritt war nur den Priestern gestattet, die im Innern Riten vollführten und Weihegeschenke vor die Götterstatuen legten.
Was die Menschen an dieser gewaltigen Anlage hoch über dem antiken Athen schon immer faszinierte, war die Präzision, mit der man zu Werke ging – vor 2500 Jahren! Zum einen waren die Baustellen mit allen Schikanen der damaligen Bautechnik wie Seilwinden und Flaschenzug ausgerüstet gewesen, darüber hinaus arbeiteten die griechischen Architekten und Steinmetze mit einer unglaublichen Genauigkeit: Die mächtigen Säulen bestanden zum Beispiel aus mehreren übereinandergesetzten Trommeln, die so exakt behauen waren, dass keine Messerschneide in die Fuge dazwischen passte.
Ebenso faszinierend sind die optischen »Tricks«, die die alten Baumeister in ihre Projekte einarbeiteten: Kurvatur, Inklination und Entasis.
Trick 1: Kurvatur – da steckt das Wort »Kurve« drin – gemeint ist, dass eine an sich gerade Gebäudefläche eine leichte Wölbung besitzt.
Trick 2: Inklination bezeichnet eine leichte Einwärtsneigung von Wänden oder Säulen.
Trick 3: Entasis ist der Begriff für eine gewollte Schwellung einer Säule im unteren Teil.
Diese bewusst eingebauten Unregelmäßigkeiten dienten dazu, das Gebäude etwas weniger streng und kantig, dafür aber harmonischer und lebendiger wirken zu lassen. Dabei handelt es sich oft nur um Abweichungen von wenigen Zentimetern, die für den Besucher nicht deutlich

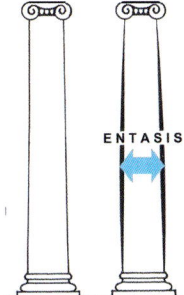

Teil des Perikles-Plans
Nach dem Sieg über die Perser wurde unter Perikles der Burgberg der Akropolis völlig neu gestaltet. Teil der Planung war auch das Erechtheion (um 421–406 vor Christus). An dessen Südhalle tragen Koren, auch Karyatiden genannt, anstelle von Säulen das Gebälk.

sichtbar, sondern vielleicht eher unterbewusst spürbar sind. Für die griechischen Baumeister war dieses Streben nach einem möglichst hohen Harmonieniveau ein Ideal, dem es unbedingt nachzueifern galt, sie waren – was die optische Wahrnehmung solcher Feinheiten anging – sicherlich weitaus stärker sensibilisiert als wir heute, vielleicht hatten sie ja so etwas Ähnliches wie das »absolute Gehör«, in diesem Fall das »absolute Auge«.

Und so ging es weiter

Die antiken Gesellschaften des Mittelmeerraums waren – wie schon bemerkt – vielleicht kulturell äußerst hochstehend, sie waren sich aber leider untereinander auch spinnefeind. So bekämpften sich die griechischen Klein- und Mittelmächte ständig anstatt zusammenzuhalten – und das zu einer Zeit, in der ein neuer, starker Player die Bühne betreten hatte: Nach dem Sieg über Karthago im Zweiten Punischen Krieg (218–201 vor Christus) war Rom zu einer Großmacht im Mittelmeerraum aufgestiegen, die

DIREKT GEFRAGT
PROF. WÜNSCHE

Weshalb gibt es in der Antike so viele Säulen?

In der griechischen Antike baute man gerne Tempel mit ringförmig umlaufenden Säulen sowie Säulenhallen, in denen man vor der Sonne geschützt wandeln konnte. Säulen verdeutlichen anschaulich die Aufgabe des Tragens des darüberliegenden Gebälks. Vermutet wird, dass die steinerne Säule aus dem Holzbau hervorgegangen ist, denn die ersten griechischen Tempel besaßen Säulen aus Holz, und die einzelnen Säulenglieder – Basis, Schaft, Kapitell – lassen sich aus dem Holzbau herleiten: Das Kapitell beispielsweise war ursprünglich eine unter das Gebälk geschobene Holzplatte.

Man unterscheidet verschiedene Säulenordnungen, das heißt kanonisch gewordene Formen des Säulenaufbaus. Die wichtigsten griechischen Säulenordnungen heißen dorisch, ionisch, korinthisch (siehe Abbildung). Der römische Architekturtheoretiker Vitruv wies diesen Bedeutungen zu: So drückt für ihn die dorische Säule männliche Stärke aus, die ionische Form Weiblichkeit, die korinthische Säule steht für jungfräuliche Anmut (Vitruv – *Zehn Bücher über Architektur*, IV. Buch, 1. Kapitel). Bis ins 19. Jahrhundert setzten sich Architekten mit Vitruvs Vorstellungen von dem richtigen Aufbau und Gebrauch der antiken Säulenordnungen auseinander, und bis heute spielen sie für manche Architekten wie zum Beispiel Mies van der Rohe oder David Chipperfield eine wichtige Rolle.

Die wichtigsten griechischen Säulenordnungen, die einem strengen Proportionssystem folgen:
1 Dorische Ordnung
3 Ionische Ordnung und
4 Korinthische Ordnung.

Zwei neue Säulenordnungen kamen in der römischen Baukust hinzu:
2 die toskanische Ordnung und
5 die Kompositordnung.

ein paar Jahrzehnte später – 146 vor Christus – Griechenland schluckte und zur römischen Provinz Macedonia erklärte. Jeder *Quo vadis*- oder *Gladiator*-Kenner glaubt nun ziemlich genau zu wissen, was danach passierte: Die brutalen Römer nagelten jeden andersdenkenden Griechen ans Kreuz, versklavten einen Großteil der Bevölkerung, und der Rest stöhnte unter erbarmungslosen Steuereintreibern ... so legt es zumindest das überlieferte Image dieser neuen Weltmacht nahe. Doch es geschah etwas ganz anderes: Die Römer begannen die griechische Kultur auf ihre eigene zu übertragen. Bekanntestes Beispiel ist die Götterwelt: Aus dem griechischen Zeus wurde beispielsweise der römische Jupiter, aus Poseidon Neptun, aus Aphrodite Venus, aus Athene Minerva und so weiter. Und auch die Architektur, die Kunst des Säulenbaus, wird von den Römern begierig studiert und wandert per Wissenstransfer an die Ufer des Tiber. »Die Römer waren Pragmatiker«, meint Raimund Wünsche. Sie griffen auf, ahmten nach, entwickelten weiter. So hatten die Römer schon eine andere Bautechnik von einem anderen Volk übernommen: Die Etrusker, die bis zu ihrer Einverleibung durch die Römer den mittelitalienischen

Arena für antike Spiele
Das Kolosseum in Rom, das von 73 bis 80 nach Christus erbaut wurde, fasste bis zu 60.000 Zuschauer und war das größte Amphitheater der Antike. Es hat vier Geschosse. Das Untergeschoss ist mit dorischen Halbsäulen gegliedert, das mittlere Geschoss folgt der ionischen, das dritte der korinthischen Ordnung.

Zentrum des antiken Rom

Das Forum Romanum wurde von den römischen Kaisern um die Kaiserforen erweitert. Ganz links ist das zuletzt errichtete Monument, die 608 nach Christus geweihte Phokassäule, zu sehen. In der Mitte der Titusbogen, unterhalb davon der Vesta-Tempel, rechts die drei noch erhaltenen korinthischen Säulen des Castor-und-Pollux-Tempels.

Streifen Toskana-Latium-Umbrien beherrschten, waren bereits in der Lage, Bögen und Gewölbe zu konstruieren.

Diese beiden Elemente – griechischer Säulenbau und etruskischer Gewölbebau – wurden nun von den Römern zu einem ganz eigenen, neuen Stil verschmolzen, aus dem Jahrtausendbauten wie das Kolosseum, die Kaiserforen in Rom oder der Pont du Gard im Süden Frankreichs (siehe auch Seite 96f.) entstanden.

Über ein halbes Jahrtausend lang diktierte nun Rom, wo es langging. Doch das ständige Erobern, Wachsen, Verteidigen und Absichern forderte seinen Tribut: 395 nach Christus spaltete sich das zu groß und zu unbeherrschbar gewordene Reich in ein West- und ein Ostreich. Nur weitere 81 Jahre später, nach Plünderungen durch Goten und Vandalen und – nicht zu vergessen – dem machtvollen Auftritt einer neuen Religion, des Christentums, trat 476 nach Christus der letzte weströmische Kaiser ab: Die Antike ist zu Ende.

Doch auch das Süd-Nord-Gefälle begann sich umzudrehen: Ab jetzt kam der Wind der Veränderung aus dem Norden.

STATION 3
DIE ROMANIK | MARIA LAACH

Kultur- und Technologiezentren für das Seelenheil

Kurzer Blick zurück ins Jahr 30 nach Christus: Wenn Statthalter Pontius Pilatus gewusst hätte, dass das einige der wichtigsten Sargnägel des Römischen Reiches waren, die er einem jüdischen Zimmermann durch Hand- und Fußwurzeln treiben ließ, hätte er dann anders entschieden? Hätte er vielleicht mit dem Führer der damals noch winzigen Glaubensbewegung verhandelt, ihn begnadigt und versucht, ihn unter Kontrolle zu halten? Nun, er hat es nicht getan, und so nahm die Geschichte ihren Lauf. Offenbar waren die Grundideen des Christentums für die Menschen ungleich attraktiver als die Aussicht, weiterhin römischer Durchschnittsbürger zu sein. Eine Massenbewegung setzte ein, die am Ende das Römische Reich samt seinen Göttern hinwegfegen sollte.

Nun läuft es in der Geschichte nicht so, dass im Jahr 476 mit der Absetzung des letzten weströmischen Kaisers die Antike endet und 477 eine neue Zeitrechnung beginnt. Nach dem Abgang der Weltmacht Rom dauerte es ein paar hundert Jahre, bis sich wieder ein politisches Gleichgewicht gebildet hatte, das zunächst von drei Systemen getragen wurde: Erstens vom Oströmischen Reich mit der Hauptstadt Konstantinopel, dem heutigen Istanbul, zweitens von den muslimischen Arabern, die um 700 über Afrika nach Spanien vordrangen und schließlich sogar Mitteleuropa bedrohten, aber 732 von der dritten Macht, den Franken, unter Karl Martell in der legendären Schlacht von Tours und Poitiers gestoppt wurden. In diesen jahrhundertelangen Wirren verfielen die großen Strukturen des römischen Weltreiches mit seinem Netz aus Garnisonen und Provinzstädten, die durch zigtausend Kilometer ausgebaute Straßen mit-

Kultur- und Technologiezentren für das Seelenheil » 31

einander verbunden wurden. Die Menschen zogen sich auf das Land zurück – und entwickelten etwas völlig Neuartiges: regionale Kultur- und Technologiezentren. Damals nannte man diese Einrichtungen allerdings anders, nach dem lateinischen »claustrum« = verschlossener Ort, zu deutsch: Kloster.

Der Impulsgeber war ein Mann gewesen, auf dessen Namen sich der heutige Papst noch beruft: Benedikt von Nursia. Er gründete im Jahr 529 – vom sittenlosen Lebenswandel seiner Mitmenschen angewidert – ein Kloster bei Montecassino in Italien. Die Grundregel des Ordens, seit damals Benediktinerorden genannt, kennt jeder: »ora et labora«, bete

Idealplan
Der St. Galler Klosterplan aus dem frühen 9. Jahrhundert stellt äußerst durchdacht und detailliert eine benediktinische Klosteranlage dar. In diesem Ausschnitt des Plans erkennt man Chor **(1)** und Vierung **(2)** der Klosterkirche sowie in der Mitte rechts einen Teil des Wärmeraums **(3)**, rechts unten in der Ecke den anschließenden Kreuzgang **(4)**. Zwei Lesepulte **(5)** zwischen den unteren Vierungspfeilern **(6)** und ein steinerner Aufbau/Ambo in der Mitte (Kreise mit Kreuzsymbol) **(7)** sind mit dem Hinweis »Hier wird die Friedensbotschaft des Evangeliums verlesen« beschriftet.

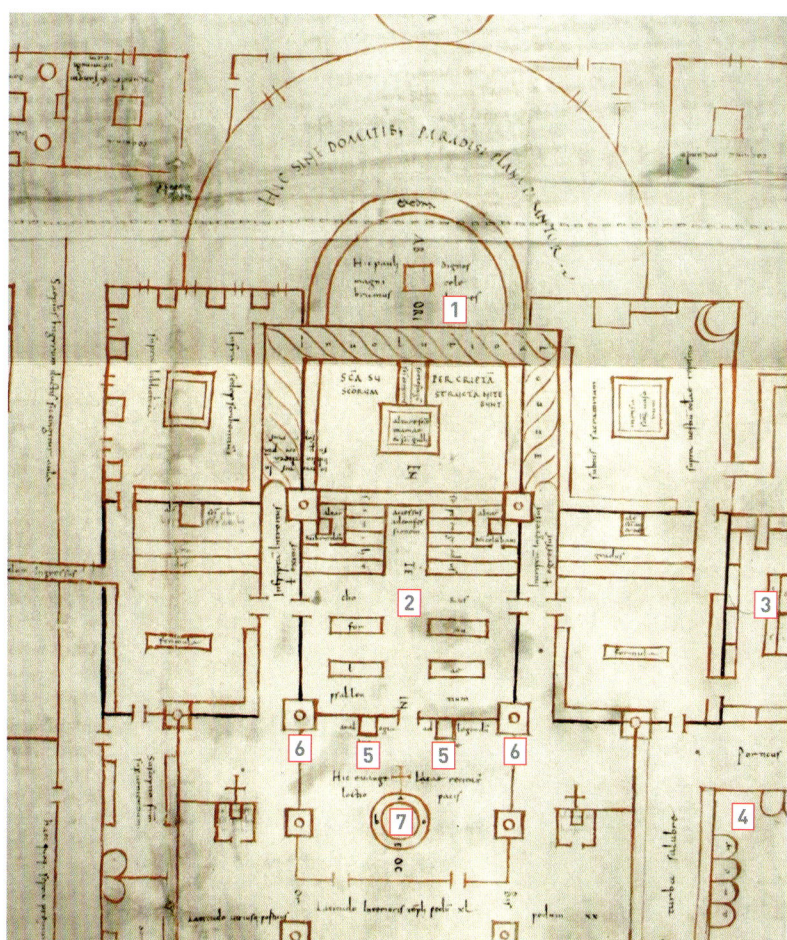

Klösterliches Leben
Schreibender Mönch Eadwinus, um 1170, Buchmalerei aus England. In mittelalterlichen Klöstern wurden nicht nur die heiligen Schriften, sondern auch wissenschaftliche Werke vervielfältigt und so von Generation zu Generation bewahrt.

und arbeite. Dementsprechend sah der Mönchsalltag aus: Viele Stunden des Tages gehörten dem Gebet, der Stille, der Meditation; Ausgleich schaffte harte körperliche Arbeit, die die wirtschaftliche Existenz sicherte. Nach und nach übernahmen die Klöster all jene Aufgaben, für die nach dem Zerfall der staatlichen Strukturen keiner mehr so richtig verantwortlich war: Landwirtschaft, Erziehung, Schule, Forschung, Medizin – die Mönche machten einfach alles: Vom Vervielfältigen alter

Idealplan eines Kirchengrundrisses und der Außenbau einer romanischen Kirche

1 Mittelschiff
2 Seitenschiff
3 Pfeiler
4 Vierungspfeiler
5 Vierung
6 Querschiff
7 Querschiffkapellen
8 Vorjoch oder Chorjoch
9 Chorhaupt
10 Chorumgang
11 Chorkapellen
12 Scheitelkapellen

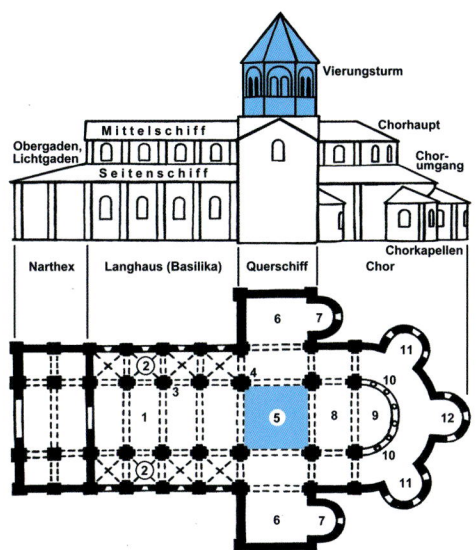

Die Abteikirche Maria Laach
Die romanische Kirche ist eine dreischiffige Pfeilerbasilika mit kreuzförmigem Grundriss und sechs Türmen, hier von Nordwesten aus gesehen. Die Architektur ist aus einfachen mathematischen Formen wie Quadrat, Rechteck und Kreis aufgebaut.
(Nächste Seite)

Schriften über das Entwickeln von Arzneimitteln und Kreuzen neuer Nutzpflanzen bis hin zum Brauen von Bier – und wenn die Region von Feinden bedroht wurde, bot die wehrhafte Anlage auch noch Schutz für die Bauern der Umgebung.

Diese raffinierte Mischung aus religiöser Stätte, wirtschaftlichem Zentrum, innovativer Saatgutbank und militärischer Trutzburg war für die Bedürfnislage der damaligen Menschen hochattraktiv und machte das System »Kloster« zu einem Exportschlager. Vom höchsten Norden Irlands bis in den tiefsten Süden Syriens gab es ein Netz an Klosteranlagen, das heißt: Die Kirche war damals die einzige überregional wirksame Autorität, die Macht der weltlichen Herren endete dagegen zumeist ein paar Kilometer weiter an der Grenze zum Nachbarreich.

Neben demselben Glauben, der im Laufe der Zeit immer wieder verschiedene Spielarten entwickelte, einte noch ein zweites Merkmal die vielen Klöster: ihre architektonische Anlage. Umschlossen von der äußeren Mauer, der Klausur, besteht ein Kloster nach der Regel Benedikts aus: Schlaftrakt, Speisesaal, Küche, Keller, Mühle, Bäckerei, Gärtnerei, Krankenstation, dem Ausbildungshaus für Novizen, einem Gästehaus, der Pforte und dem »Oratorium«, der Kapelle für die Mönche oder Nonnen. Nur Klosterkirchen waren öffentlich. Ab dem 5. Jahrhundert beginnt

sich im Klosterbau nach und nach ein Stil herauszubilden, den wir heute mit »Romanik« bezeichnen und der die Zeit zwischen 1000 und der Mitte des 13. Jahrhunderts prägte. Dass in »Romanik« (Achtung: Nicht mit der »Romantik« mit »t« verwechseln, die kommt erst im 19. Jahrhundert und bezeichnet eine Kunstrichtung) das Wort »Rom« steckt, hat seinen Grund. Denn die neuen Herren, die Christen, übernahmen einige Errungenschaften von ihren heidnischen Vorgängern. Beliebt war es, römische Säulen in Kirchenbauten einzufügen oder in der Rundbogen-Technik zu bauen, einem typischen Merkmal der Romanik. »Doch Vorsicht«, mahnt Raimund Wünsche, »Romanik ist zwar immer Rundbogen, doch Rundbogen ist nicht automatisch Romanik!« Das heißt: Auch spätere Epochen nutzten dieses Prinzip noch gerne.

Eine weitere römische Errungenschaft, die weitergeführt wurde, war – vor allem im westlichen Teil Europas – der Gebäudetyp der »Basilika«.

Maria Laach

Architekt: unbekannt

Bauzeit: 1093–Anfang 13. Jahrhundert

Besonderheit: Die Klosterkirche Maria Laach ist neben den großen Kaiserdomen in Speyer, Mainz und Worms der Inbegriff romanischer Architektur in Deutschland. Die Anlage wird von sechs aufstrebenden Türmen bestimmt. Bei kaum einem romanischen Bauwerk sind die Farbkontraste der verwendeten Steine – ockerfarbener Tuff und blaugraue Basaltlava – so wirkungsvoll zur Geltung gebracht.

Der Begriff kommt aus dem Griechischen und bedeutet »Königshalle«, wahrscheinlich deshalb, weil sie überwiegend von Herrschern gestiftet wurden. Basiliken waren riesige Hallen, in denen im alten Rom Gericht oder Markt abgehalten wurde. Nun klingen beide Verwendungszwecke nicht sonderlich spirituell, doch die profanen Bauten kamen einem zentralen Bedürfnis des neuen Glaubens entgegen: dem nach viel Raum. Denn im Gegensatz zum heidnischen Tempel, den gerade mal ein paar geweihte Priester betreten durften, musste man im Haus Gottes der gesamten Gemeinde Platz bieten.

Praktischer Gebäudetypus
Eine antike Basilika war ein öffentliches Bank- und Gerichtsgebäude mit angegliederten Verkaufsständen. Als langrechteckige Halle konzipiert, konnten große Menschenmengen aufgenommen werden. Die Basilica Aemilia (begonnen 179 vor Christus) gehört zu den am längsten genutzten öffentlichen Bauten auf dem Forum Romanum in Rom. Rekonstruktionsmodell der Basilica Aemilia, 2005.

Die Klosterkirche Maria Laach

Wer sich dieses imposante Gebäude anschaut, fragt sich unwillkürlich: Wie wurde das eigentlich finanziert? Gab es damals schon so etwas wie Kirchensteuer? Bei den zum großen Teil armen Bauern wäre da sicher nicht genug zu holen gewesen, deshalb gab es ein völlig anders gelagertes Finanzierungssystem: das Stifterwesen. 1093 gründete zum Beispiel Pfalzgraf Heinrich II. von Laach das Kloster Maria Laach, »das war damals eine der erfolgversprechendsten Versicherungen für das ewige Leben«, meint Raimund Wünsche. Denn der Stifter sicherte sich durch seine riesige Investition, dass Tag für Tag dankbare Mönche für sein Seelenheil beteten, was – aus damaliger Sicht – die Wahrscheinlichkeit, in den Himmel zu kommen, drastisch erhöhte. Diese Serviceleistung der Fürbitte war so attraktiv für die Begüterten unter den Menschen, dass das Stiftersystem ständig wuchs und so ein immer dichter werdendes Netz an Kirchen produzierte.
Interessant ist, dass die heutige Leitung des Klosters diesen Gedanken in die Gegenwart herübergerettet hat. Auf der Homepage http://www.maria-laach.de findet man unter der Rubrik »Kloster« den Button »Gebetsanliegen senden«; drückt man ihn, erhält man ein E-Mail-Formular, das – so erklärt der Pressebeauftragte des Klosters, Pater Petrus – dann ausgedruckt und im Kreuzgang ausgehängt wird – die Fürbittgebete werden dann von den Kirchenbesuchern gemacht, »eine moderne Form des mittelalterlichen Denkens«, meint Pater Petrus.

Gottesburg
Die Abteikirche Maria Laach (begonnen 1093) zeigt außen einen burgartigen Charakter. Maria Laach ist eine Doppelchorkirche: Sie hat einen östlichen Chorraum für den Klerus und einen Chor im Westen für die weltlichen Herrscher. Das vor der Westfassade liegende »Paradies«, eine quergestellte Vorhalle für liturgische Zwecke, wurde bereits in der frühchristlichen Architektur entwickelt.

Das Kloster hat auch noch weitere mittelalterliche Traditionen bewahrt; so etwa blieb es bis heute ein Benediktinerkloster. Das heißt, hier gilt immer noch die Regel »ora et labora«, bete und arbeite, und deshalb ist das Kloster nach wie vor ein autarkes Wirtschaftszentrum mit eigener Schreinerei, Klosterfischerei, Glockengießerei, Kunstschmiede, Gärtnerei mit ökologisch kontrolliertem Obstanbau; hinzu kommen noch Buch- & Kunstverlag, Klostergut & Hofladen, Hotel & Gastronomie und sogar ein Bootsverleih.

Der romanische Baustil beruht auf dem genialen etruskischen Einfall, Steine so zurechtzuschlagen, dass sie – wenn man sie auf- und aneinander setzt – nicht nur einen Bogen ergeben, sondern sich auch so ineinander verkeilen, dass sie sich gegenseitig am Stürzen oder Verrutschen hindern. Allerdings gab es eine Grenze: Aus statischen Gründen war der Bogen über einer Geraden immer ein Halbkreis – die Folge war, dass man nur dann höher bauen konnte, wenn man gleichzeitig auch den Kreisdurchmesser breiter machte. Kurz: Es ging immer nur »doppelt so breit wie hoch«, nicht aber »hoch und schmal«. Und: Je größer so ein Bogen war, umso dicker mussten auch die Mauern, die ihn trugen, werden. Ab einem gewissen Punkt wirkte so ein Gebäude nur noch plump und schwer. Entsprechend schwierig war es auch, diesen Stützmauern auch noch Platz für Fensteröffnungen abzuringen. Wer auf http://marialaach.meinrundgang.de/ einen virtuellen Rundgang durch die Abtei macht, sieht das deutlich.

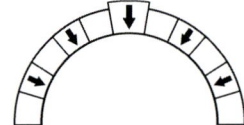

Genialer Einfall
Die keilförmig behauenen Steine bilden einen Bogen und verkeilen sich durch ihr Eigengewicht ineinander.

Und so ging es weiter

Frühe Romanik in Köln
St. Pantaleon, ab 966 entstanden, ist die älteste der zwölf romanischen Kirchen Kölns. Der große Rundbogen zwischen Langhaus und Vierung zeigt – wie auch andere Architekturelemente der Kirche – einen reizvollen Farbwechsel mit rotem Sandstein. Die aus Byzanz stammende Kaiserin Theophanu liegt in der Kirche begraben. Ihre Heirat mit dem Kaiser des Heiligen Römischen Reichs bewirkte eine Befriedung zwischen Ost- und Westrom.
(Linke Seite)

Rundbogenarchitektur
Beim Oktogon der karolingischen Pfalzkapelle in Aachen (793 – 813) wurde die Spannweite der Rundbögen vergrößert, indem man antike Säulen (sogenannte »Spolien«) als Zwischenstützen einstellte. *(Rechts)*

Es gab in einer romanischen Kirche viel Wand und – im Verhältnis dazu – kleine Fensterflächen. Das stand aber zunehmend im Gegensatz zu der dynamischen Entwicklung der christlichen Religion: Man wollte nun den Herrn in immer größeren Gebäuden feiern und vor allem das ins Innere holen, was in den wuchtigen romanischen Gottesburgen bauartbedingt draußen bleiben musste: das Licht, das sich nun in den riesigen farbigen Glasfenstern bricht. Diese Entwicklung ist ein sehr anschauliches Beispiel für eine der zentralen Triebfedern von Architektur: »form follows function«, die Form folgt der Funktion. Oder anders herum ausgedrückt: Immer dann, wenn ein Gebäude eine neue »Funktion« zu erfüllen hatte, gingen die Entwickler so lange ans Werk, bis sie die dazu gehörige »Form« fanden. Und im 12. Jahrhundert hieß diese neu gefundene Form »Strebewerk« – das klingt nicht sehr hipp, war aber die entscheidende Technologie, die die Superbauten der Gotik erst ermöglichte: die Kathedralen.

Wie kann man erkennen, aus welcher Zeit eine mittelalterliche Kirche stammt?

Bei mittelalterlichen Kirchen ist es oft nicht leicht, die verwendeten Stile zu bestimmen und sie zeitlich einzuordnen. Grund hierfür ist, dass diese sehr häufig eine lange Baugeschichte haben und oft auch auf einer früheren Kirche gründen. So stehen beispielsweise manche gotische Kirchen auf Grundmauern von romanischen Vorgängerbauten oder noch älteren Gründungen, die aus der ersten Zeit der Christianisierung stammen können. Nicht wenige Kirchen sind außerdem so groß angelegt worden, dass man jahrhundertelang daran gebaut hat – manche sind sogar erst im 19. Jahrhundert fertiggestellt worden. Deshalb ist es für den Einsteiger oft nicht leicht zu erkennen, welche Teile der Kirche welcher Epoche zuzuordnen sind. Rundbogen und Spitzbogen sind gute Erkennungsmerkmale für Romanik beziehungsweise Gotik, aber nicht immer ganz eindeutig. Falls es unter der Kirche eine Krypta gibt, ist deren zeitliche Einordnung häufig gut auszumachen. Diese unter der Kirche liegenden Räume dienten zur Aufbewahrung der Reliquien, also der Überresten von Heiligen, in der sich nicht selten auch die Grabstätte der höheren Geistlichkeit dieser Kirche oder des Stifters befinden. Krypten sind in der Regel die ältesten Bauteile und stammen zumeist aus der Romanik oder einer noch älteren Zeit. Ein weiteres Erkennungsmerkmal für die Zeitbestimmung von Kirchenarchitektur ist das Vorhandensein von Seitenkapellen oder einem Kapellenkranz um den Chor des Altarraums – dies sind typische Kennzeichen einer gotischen Kirche. Schwierig und in manchen Fällen für den Laien nicht lösbar ist die Frage, ob nun die Ausführung der gotischen Architektur noch im 13./14. Jahrhundert oder erst im 19. Jahrhundert erfolgt ist. Denn gerade im Kirchenbau des Historismus hat man sich manchmal sehr eng an den ursprünglichen gotischen Stil angelehnt, und nur der Kenner kann aufgrund stilistischer Details oder der handwerklichen Ausführung die Unterschiede zwischen einer gotischen und einer neugotischen, das heißt aus dem 19. Jahrhundert stammenden Kirchengestaltung, erkennen. Aber es kommt noch ein weiterer Aspekt hinzu: Die gotischen Kathedralen, oft aus Kalk- oder Sandstein gebaut, sind den modernen Umwelteinflüssen aufgrund der filigranen Ausarbeitung des Steins besonders stark ausgesetzt, und deshalb müssen viele Kathedralen heute restauriert werden; Steine werden ausgewechselt und der gotische Stil nachgebildet. Das ist übrigens auch der Grund, weshalb die meisten Kathedralen, Dome oder Münster zumindest teilweise eingerüstet sind. Um kontinuierlich an den Gebäuden arbeiten zu können, gibt es in Köln, Regensburg, Ulm oder anderswo – nach mittelalterlichem Vorbild, aber ausgestattet mit moderner Technik – feste Bauhütten, deren alleinige Aufgabe es ist, die großen Kirchengebäude vor dem Verfall zu retten.

Häufig romanisch
Die Krypta der Abteikirche Maria Laach liegt unter dem Chor. Als ältester Bauteil ist auch sie, wie viele andere Krypten, romanisch.

STATION 4
DIE GOTIK | NOTRE-DAME DE CHARTRES

Höher, schneller, weiter im Namen des Herrn

In der Nacht vom 10. auf den 11. Juni 1194 hallten plötzlich Entsetzensschreie durch das kleine, rund 90 Kilometer südwestlich von Paris gelegene Städtchen Chartres: Ein Feuer war ausgebrochen und sprang in Windeseile von einem Fachwerkgebäude zum nächsten über. Am nächsten Morgen lag wieder mal alles in Schutt und Asche, das Feuer war bereits das fünfte in der Stadtchronik. Ein Fluch schien über Chartres zu liegen. Doch ähnlich wie im Fall des zerstörten Athens begriffen einige Entscheider diese Stunde Null nicht als Desaster, sondern als Chance.

Kurzer Rückblick: Chartres war im Jahr 876 in den Besitz eines Gewands der heiligen Maria gelangt, ein Kleid, das sie bei der Geburt Jesu getragen haben soll. Dass der eine oder andere bis in unsere Tage die Echtheit dieses Kleidungsstücks anzweifelte, sei mal dahingestellt: Diese Reliquie – in der Kirche ausgestellt – machte Chartres zu einem europaweiten Top-Reiseziel für Pilger. Vielleicht können Sie sich vorstellen, wie groß nach dem Brand der Schmerz über den Verlust des heiligen Kleides war. Dann können Sie auch nachvollziehen, wie riesig die Freude war, als man das gute Stück drei Tage später völlig unzerstört aus den schwelenden Trümmern zog. Und Allen war sofort klar: Das war ein Wunder! Und ein Zeichen. Jedem war auch bewusst, dass diese Geschichte den spirituellen Wert der Reliquie gleich nochmals mehrfach nach oben schießen ließ. Das war ein äußerst wichtiger Umstand, denn Chartres lag direkt an einem Zweig des Jakobswegs, eines Netzes aus Pfaden, das riesige Pilgerströme aus ganz

Alltagsszene
Die Zunft der Fischhändler hat das »Antonius- und Paulusfenster« (13. Jahrhundert) für die Kathedrale von Chartes gestiftet. Naheliegend, dass hier eine Begebenheit aus dem Alltagsleben der Zunft dargestellt ist.

Kathedrale Notre-Dame de Chartres
Der Wettbewerb um Höhe begann mit dem Kathedralbau in Chartres.
(Nächste Seite)

Europa zu Fuß nach Santiago de Compostela brachte, einem Pilgerort im äußersten Zipfel des maurenfreien Nordteils von Spanien.
Der Businessplan lag damit klar auf der Hand: Diese Pilgermassen mussten durch eine noch zu bauende neue Kirche an dieser Reliquie vorbeigelotst werden – nebenbei gesagt: ein Bombengeschäft. Und so kam es, dass die gerade mal 10 000 Seelen der Gemeinde von Chartres in bester Investmentbankingmanier einen Kredit auf zu erwartende irdische und himmlische Erträge aufnahmen und damit einen Bau finanzierten, der in der damaligen Welt seinesgleichen suchte. In Rekordzeit wurde die über 130 Meter lange und 64 Meter breite Kathedrale aus dem Boden gestampft, noch im Brandjahr war mit dem Bau begonnen worden. Nach nur 27 Jahren war die Kathedrale bis auf Fenster und Skulpturen fertig, und das Geschäft konnte beginnen. Und es hält bis heute an: Millionen Menschen besuchen die Kathedrale, die – neben dem Kleid Mariens – noch etwas anderes bieten kann, was andere nicht haben: das weltberühmte blaue Chartres-Licht.

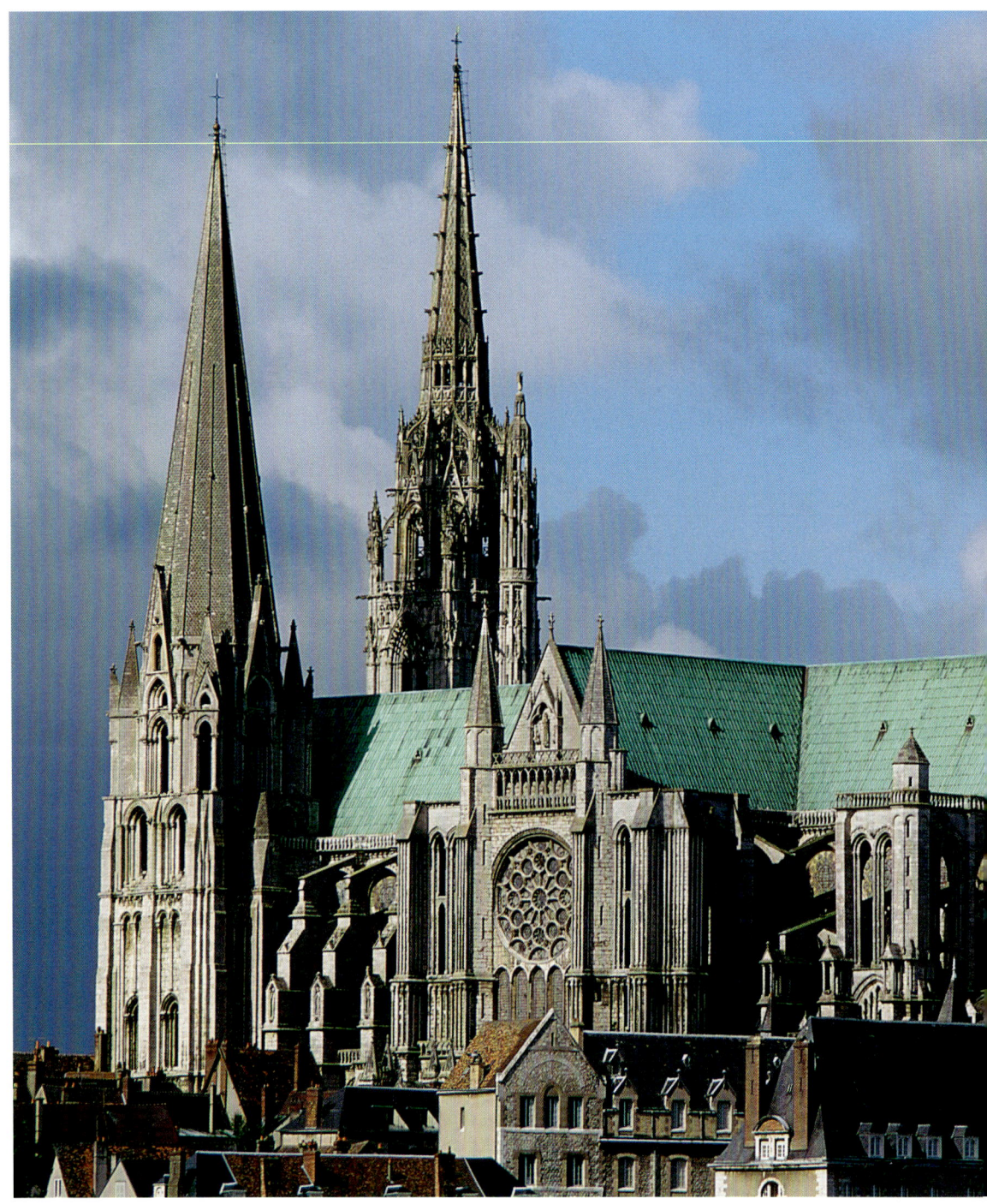

Die Kathedrale Notre-Dame de Chartres

Diese Basisregel kennt so gut wie jeder: Romanisch = Rundbogen, gotisch = Spitzbogen. Nun hat man die Spitzbögen aber nicht gebaut, um mal was anderes zu sehen als immer nur Rundbögen; dahinter steckte etwas anderes: Die gotische Technik unterscheidet sich in einem ganz wesentlichen Punkt vom romanischen Baustil. In der Romanik muss die Wand den gesamten Seitenschub der Gewölbe tragen, dementsprechend mächtig sind oft die Mauern. In einer gotischen Kathedrale wird diese gesamte Last raffiniert auf ein ausgeklügeltes System an Rippen im Kircheninnern und Strebepfeilern an den Außenseiten übertragen. Und jetzt konnte man mit den Wänden etwas machen, was in einer romanischen Kirche nie funktionieren würde: Riesige Öffnungen herausbrechen und Licht hereinlassen – denn die Wand musste ja nichts mehr tragen.

Kathedrale Notre-Dame de Chartres

Architekt: unbekannt

Bauzeit: 1194–1260

Besonderheit: Chartres gilt als Musterbeispiel des gotischen Sakralbaus und als Schlüsselwerk der klassischen französischen Gotik, die in der Île de France entstanden ist. Der Höhentrieb wird durch die schlanken Bauglieder besonders hervorgehoben. Auf dem Boden im Innern der Kathedrale ist ein ungewöhnlich großes Labyrinth eingelassen – an einem der berühmtesten Wallfahrtsorte Frankreichs wird so der 294 Meter lange Weg von Pilgern auf Knien zurückgelegt.

Ein Loch in einer Kirchenwand wäre sicher nur von begrenztem Charme gewesen, wenn damals nicht eine innovative Technik auf den Markt gedrängt hätte: die Bleiverglasung. Damit konnte man bunte Glasteile in biegsame Bleistege fassen und so beliebig Mosaik-Motive schaffen – besonders auffallend sind die riesigen Rosetten (etwa in der Front der Kirche Notre Dame in Paris). Und so wurden in die 176 Wandlöcher der neuen Kathedrale von Chartres 176 Glasfenster eingesetzt, die von einer künstlerischen Qualität waren, die man bis dahin nicht kannte.[2]
Dort ist zu erleben, dass der größte Teil der Fenster in einem intensiven Azurblau gehalten ist. Dieser Farbton soll eigens für diesen Bau entwickelt worden sein, und der Legende nach nahmen die Macher die Rezeptur mit ins Grab. Bis heute haben die Fenster nichts von ihrer Leuchtkraft verloren, spektakulär sind die Lichtspiele, die sich am Boden bilden und mit dem Lauf der Sonne durch die Kathedrale wandern. Das Licht war das Symbol für die Wiederkehr Christi und dementsprechend war sicher auch die Wirkung auf die mittelalterlichen Besucher: Diese einzigartige Lightshow musste jeden in seinen Bann schlagen und ihm eindringlich vermitteln, dass es da oben eine höhere Macht gab – eine neue Form der Überwältigungsarchitektur. Begonnen hatte alles in Frankreich. Die erste bekannte Kirche in gotischem Baustil ist die Kathedrale von Saint-Denis in Paris (ab 1140), die Grablege der französischen Könige: Der Sieger von Tours und Poitiers, Karl Martell (gestorben 741), liegt dort ebenso wie der spätere »Sonnenkönig« Ludwig XIV. (gestorben 1715) und die unglückliche Marie Antoinette, die 1793 das Schafott der bürgerlichen Revolutionäre besteigen musste. Das neuartige Konzept aus Höhe und Licht beeindruckte offenbar die Menschen so stark, dass danach ein Wettstreit um das höchste Gewölbe, den weitesten Chor und die kürzeste Bauzeit begann: Soissons, Chartres, Bourges, Reims, Auxerre, Amiens – und so weiter. Bis Beauvais! Die 90 Kilometer nördlich von Paris gelegene Kirche ist der Superlativ aller gotischen Kathedralen: Mit 48,50 Metern besitzt sie das höchste Chorgewölbe der Welt. Dass Beauvais diesen Rekord bis heute hält, hat seine Ursache im Jahr 1284: Damals stürzte unter gewaltigem Getöse eben dieses Gewölbe in sich zusammen, die Berechnungen der Baumeister hatten in dem »Höher-Schneller-Weiter«-Wettlauf dieser Zeit offenbar eine Grenze überschritten. Zunächst schien doch noch alles gut zu wer-

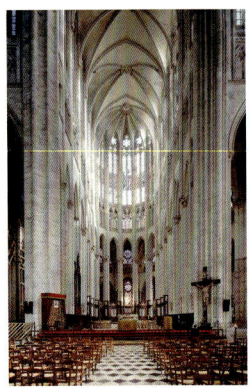

Die Unvollendete
Die Kathedrale von Beauvais weist mit 48,50 Metern das höchste Chorgewölbe der Welt auf. Doch der Kathedrale fehlen Kirchenschiff und Westfassade.

Der tragende Apparat
Das außen liegende Strebewerk leitet wie hier bei der Kathedrale Notre-Dame de Chartres die Schubkräfte der Gewölbe nach unten ab.

Gigantisches Bauvorhaben

Der Turmbau zu Babel bezieht sich auf die alttestamentarische Geschichte (Genesis 11,1-9) über die Hybris der Menschen, einen Turm zu bauen, der in den Himmel reicht. Vom Mittelalter bis in den Barock wurde die Geschichte in zahlreichen Kunstwerken dargestellt, wie hier von Pieter Brueghel dem Älteren im Jahr 1563. Brueghel nahm offensichtlich das Kolosseum in Rom zum Vorbild. *(Rechts)*

den, denn die Experten rechneten die Statik nochmals durch, veränderten entscheidende Positionen und vollendeten das Gewölbe schließlich nach einigen Jahrzehnten zusätzlicher Bauzeit doch noch. Dennoch war die Euphorie zu Ende: Ähnelte die Katastrophe von Beauvais nicht der drastischen Strafe Gottes für den Turmbau zu Babel? Hatten die Menschen nichts aus der Geschichte gelernt und waren sie ihrem Schöpfer nicht ein zweites Mal zu nahe gerückt? Jedenfalls versuchte man in keiner der danach gebauten Kathedralen mehr, diesen Rekord einzustellen.

Und so ging es weiter

Wer nach Beauvais kommt, sieht sofort, dass die Kirche zwar riesig ist, aber keinen Turm hat. Diesen Umstand verdankt die Kirche dem zweiten Teil der Tragödie: Am Himmelfahrtstag des Jahres 1573 hatte gerade die Prozession die Kirche verlassen, als der 150 Meter hohe Vierungsturm, damals das höchste christliche Bauwerk der Welt, plötzlich in sich zusammensackte. Der Name Beauvais steht somit für ein Debakel der Architektur, sie ist die Schicksalskirche, die der Gotik die Grenzen aufzeigte. Doch als ihr Turm zerbarst, befand sich Europa schon mitten in der nächsten Epoche: der Renaissance.

Wie muss man sich die Arbeit einer gotischen Bauhütte vorstellen?

Baustellen mussten schon immer gut organisiert sein. Ob Pyramide oder gotische Kathedrale: Beim Bauen werden die größten Objekte der Menschheit hergestellt, die auch die meisten Ressourcen, das meiste Geld in Anspruch nehmen. Das Errichten von Bauwerken war in allen Zeiten nicht nur existenziell für die Menschen, es brachte sie nicht selten auch an den Rand ihrer Möglichkeiten. Seit jeher verausgabten sich Gesellschaften für einzelne Bauprojekte – bis heute. Auch im Mittelalter konnte man es sich nicht leisten, ineffizient zu bauen. Ziel war bereits damals ein möglichst schneller und reibungsloser Bauprozess, der nur durch Arbeitsteilung und Vorausplanung erreicht werden konnte. Das Wichtigste hierbei war, dass man eine genaue Vorstellung von dem zu errichtenden Gebäude besaß und man diese Vorstellung auch anderen am Bau Beteiligten mitteilen konnte – beispielsweise mittels Zeichnungen, aber auch Modellen.

Obwohl die gotischen Baumeister fast keine Maschinen hatten und nur mit wenigen Hebevorrichtungen wie Seilzügen und mannsgroßen Radwinden arbeiteten, errichteten die Bauhütten in verhältnismäßig kurzer Zeit die riesigen Kathedralen. Die Organisation der Baustellen erinnert an heutige Bauprojekte: Wenn im Winter die Maurer pausierten, fertigten Steinmetze die Werksteine für die nächste Bauperiode im Sommer. Während die Fundamente ausgehoben wurden, erkundete man Steinbrüche und Transportwege. Zimmerleute bauten Kräne und Gerüste; Werkzeuge, Nägel und Zuganker wurden geschmiedet. Man bestellte in Skandinavien Holz für die immensen Dachstühle. Der Chef einer gotischen Bauhütte war der Meister, vergleichbar einem heutigen Architekten. Seine Aufgabe ging weit über die eines Bauleiters hinaus. Er war für Entwurf und Umsetzung des gesamten Bauprojekts zuständig und trug die Gesamtverantwortung.

Ein mittelalterliches Großbauwerk entstand nach einem einheitlichen Plan: Nachdem die Fundamentierung fertig gestellt war, begann man die schmalen, hohen Pfeiler aufzumauern; gleichzeitig wuchsen die außenliegenden Strebepfeiler mit in die Höhe. Die wenigen massiven Wände bestanden beileibe nicht komplett aus Stein, sondern waren doppelschalig und mit Gussmörtel gefüllt. Eine Sparmaßnahme, denn behauene Steine waren kostspielig. Ebenso verfuhr man mit den Pfeilern, die im Kern mit einer Mischung aus Mörtel und Kieseln gefüllt wurden. Normierung und Typisierung der Werksteine ermöglichten ein erhöhtes Bautempo. Lange bevor der Bau fertiggestellt war, gingen die Glockengießer ans Werk, und die Glaser begannen mit der Vorbereitung der Kirchenfenster.

Bereits in der Romanik gab es Tendenzen zur Rationalisierung am Bau, doch die Serienfertigung von Werksteinen nahm im Hochmittelalter zu. Zusammen mit der Professionalisierung der Baulogistik konnten erst so die hochkomplexen Kathedralbauten der Gotik entstehen.

Quelle für Technikinteressierte
In dieser französischen Buchmalerei aus der Mitte des 15. Jahrhunderts ist der Bau des Aachener Doms (Bauzeit 793–813) dargestellt. Man erkennt unter anderem einen Steinmetzen und verschiedene Gerüste. Das Blatt vermittelt anschaulich eine Vorstellung von einer mittelalterlichen Baustelle.

STATION 5
DIE RENAISSANCE |
DER PALAZZO MEDICI-RICCARDI

Neue Epoche mit Faible für die gute, alte Zeit

Kurzes Nachdenken über die Namen von Epochen: Woher stammt eigentlich der Begriff »Gotik«? Hatte irgendeine hohe Kommission etwa um 1140 beschlossen, dass nach St. Denis alle Kathedralen mit Spitzbogen und Strebewerk gebaut werden und »gotisch« heißen müssen? Natürlich nicht. Die Bezeichnung stammt von einem italienischen Architekten und Kunsthistoriker aus dem 16. Jahrhundert, Giorgio Vasari, der eine neue Kunstrichtung hochstilisierte, indem er eine bisherige als barbarisch abqualifizierte. Im Einzelnen: Der Gipfel des Barbarentums waren für Vasari die Goten gewesen, die unter ihrem König Alarich I. im Jahre 410 Rom eingenommen und geplündert hatten. Der Begriff »gotisch« war also alles andere als schmeichelhaft, ein Synonym für rohe Kraft und schlechten Stil, bürgerte sich aber dennoch in der Fachwelt ein. Die neue Kunstform, die Vasari dagegen pries, nannte er »Rinascimento«, Wiedergeburt – also Renaissance. Damit hatte Vasari gleich zwei bedeutenden aufeinanderfolgenden Kunstepochen den Namen gegeben.

Mit »Wiedergeburt« meinte man damals die Rückbesinnung auf die Antike. »Das heißt aber nicht, dass man in der Renaissance 1 : 1 die Antike nachbaute«, sagt Andreas Hild. Es war vielmehr eine Rückbesinnung auf antike Regeln und Gesetzmäßigkeiten. Wichtig wurde eine alte Schrift, die kurz zuvor wiederentdeckt worden war. Der Autor, ein Architekt namens Vitruv, hatte um 20 vor Christus seine *Zehn Bücher über Architektur* geschrieben, ein Riesenwerk, das man im Italien des 15. Jahrhunderts geradezu verschlang. Ein grundlegendes Gesetz der antiken Kunst und

Neue Epoche mit Faible für die gute, alte Zeit

Architektur war zum Beispiel, dass die Teile in einem bestimmten harmonischen Verhältnis zueinander zu stehen haben, ein Verhältnis, das sich nun an der Harmonie des menschlichen Körpers orientiert. Nirgendwo ist das, was da gemeint ist, anschaulicher dargestellt als in Leonardo da

Proportionsstudie
Leonardo da Vinci erforschte mit der berühmten Studie *Der Vitruvianische Mensch* die menschlichen Körperproportionen im Verhältnis zu Quadrat und Kreis. Er stützte sich vermutlich auf Passagen aus dem Architekturtraktat *De architectura – libri decem* des römischen Architekturtheoretikers Vitruv. In Feder und Tinte ausgeführte und aquarellierte Originalzeichnung Leonardos (um 1490), Gallerie dell'Accademia, Venedig.

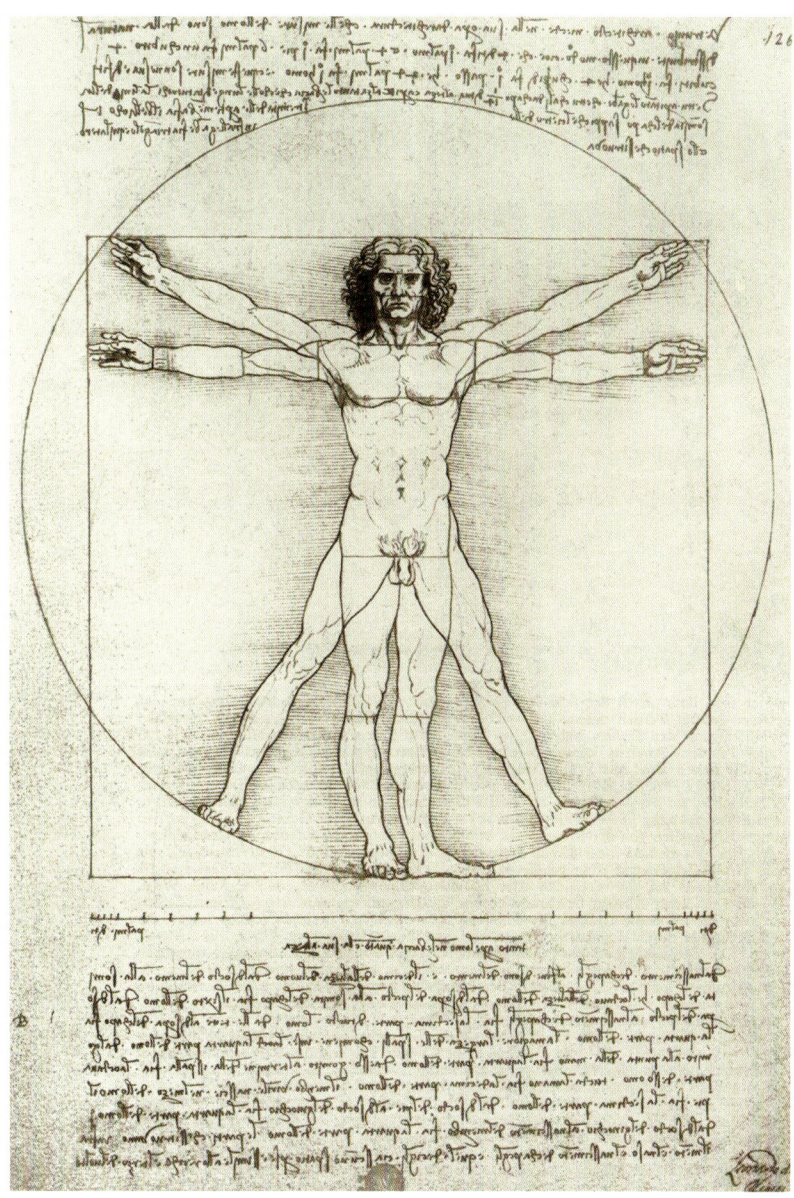

Rückgriff auf die Antike
Der quadratische, säulenumstandene Atriumhof des Medici-Palazzo wurde zum Vorbild für die städtischen Wohnpaläste in Italien. Der Architekt Michelozzo bediente sich hier neuer Prinzipien der Symmetrie.

Vincis weltberühmter Zeichnung *Der Vitruvianische Mensch* – der Mensch, der sich in die Urformen Kreis und Quadrat einpasst.
So ging man beispielsweise davon aus, dass der stehende Körper eines Mannes sieben bis siebeneinhalb Mal so groß ist wie der Kopf. Oder dass die herabhängenden Arme so lang sind, dass die Fingerspitzen die Mitte der Oberschenkel berühren. Dieses Wissen allein wäre nichts Besonderes gewesen – man kann ja ausmessen, dann weiß man es auf ewig –, wenn das nicht eine Begleiterscheinung eines revolutionären Vorgangs gewesen wäre: Der Blick auf die Welt hatte sich nämlich grundlegend verändert. Im Mittelalter war der einzelne Mensch – da sündig und vergänglich – wenig wert gewesen; was vornehmlich zählte, war das Jenseits, das Leben nach dem Jüngsten Gericht. Doch jetzt – in der Renaissance – stand der Mensch selbst (daher der Begriff »Humanismus«) verstärkt im Mittelpunkt der Betrachtungen – und zwar auch im Hier und Jetzt. So wie seine einzelnen Körperteile in einem harmonischen Verhältnis zueinander standen, mussten auch die Bauten, in denen er lebte, bestimmte Proporti-

onen haben. Höhe und Breite standen zum Beispiel in einem bestimmten Verhältnis; das war ein völlig anderes Denken als im Mittelalter, wo man – Hauptsache hoch! – dem Himmel entgegenbauen wollte. Und noch eine – für die bisherigen Autoritäten äußerst unangenehme – Konsequenz hatte diese Fokussierung des diesseitigen Menschen: Wenn der Mensch nun wichtiger wurde, war folglich auch das wichtig, was er dachte – und damit auch das, woran er zweifelte. Wenn die Kirche beispielsweise behauptete, dass die Erde eine Scheibe sei, hatte das nicht mehr automatisch zu bedeuten, dass dem auch so war – das forschte man nun erst einmal nach. Wahr war nun auch, was man sicher wusste und auch wissenschaftlich beweisen konnte und nicht mehr allein das, was die Autoritäten des Glaubens vorgaben. Das Beispiel zeigt, wie viel Sprengstoff das Denken dieser neuen Zeit barg, und wie stark die Grundfesten der Kirche ins Wanken gerieten. Und es zeigt auch, dass die Renaissance die ideale Zeit für Wissenschaft und Entdeckungen war: die Erfindung des Buchdrucks, die Entdeckung Amerikas, die Erkenntnis, dass die Erde eine Kugel ist – es ist kein Zufall, dass all dies gerade in dieser Epoche geschah.

Der Palazzo Medici-Riccardi in Florenz

Renaissance-Bauherr
Der Bankier Cosimo de' Medici (1389–1464) und seine Nachfolger beherrschten Florenz im 15. Jahrhundert. Gemälde von Jacopo Pontormo, um 1518/19 gemalt, aus den Uffizien in Florenz.

Die Renaissance war auch die Zeit der ersten Global Player, der international agierenden Kaufleute, Reeder und Banker. Die großen Handelsstraßen von Nordeuropa in den Orient bündelten sich im Norden Italiens, von wo es per Schiff über das Mittelmeer weiterging. Diese wirtschaftliche Ballung war der Grund gewesen, dass dort Städte wie Florenz, Siena, Genua oder Venedig im 14. Jahrhundert eine gewaltige Blüte erlebten. Großer Reichtum plus große Konkurrenz untereinander, das war der ideale Nährboden für Kunst und Kultur: Jede Stadt wollte bedeutender und schöner sein als die anderen. Im Jahr 1444 wandte sich Cosimo de' Medici, Oberhaupt des bedeutendsten Clans in Florenz, an den Architekten Michelozzo mit dem Auftrag: (a) ein Wohnhaus zu errichten, das auch gleichzeitig Sitz des weltweit agierenden Finanzkonzerns der Medici werden sollte, es aber (b) so zu bauen, dass es nicht den Neid der anderen Patrizierfamilien erweckte.

Palazzo Medici-Riccardi
Der von dem Florentiner Cosimo de' Medici in Auftrag gegebene Palazzo wurde als quadratischer Kubus gebaut. Erst die späteren Besitzer, die Familie Riccardi, verlängerten ihn an der hier zu sehenden Via Larga nach Norden.

Eine kluge Entscheidung, denn man weiß, dass die verschiedenen Clans nicht gerade zimperlich miteinander, aber auch mit Mitgliedern des eigenen Geschlechts umgingen. So konnte man nie sicher sein, ob ein verblichener florentinischer Adliger auch tatsächlich eines natürlichen Todes gestorben war oder ob da nicht vielleicht ein konkurrierender Nachbar oder ein neidischer Verwandter nachgeholfen hatte. Auf www.palazzo-medici.it kann man einen Blick ins Innere des Palazzos werfen und – Zimmer für Zimmer – begreift man, welche Pracht der alte Medici vor den neidischen Augen seiner Zeitgenossen verbarg. Von außen sieht der Palazzo vergleichsweise nüchtern aus: Der Bau folgt der klassischen Regel der Dreigeschossigkeit, das Erdgeschoss aus wenig behauenen Steinen wirkt eher grob und auch die anderen Etagen weisen keinen besonderen Schmuck auf. Aber, wie gesagt, die Musik spielte ja drinnen, vor allem im ersten Stock, dem »Piano nobile«, dem »vornehmen Stockwerk«, das Wohn-, Bank- und Repräsentationszwecken diente, während sich unten Wirtschaftsräume und Küchen befanden.

Fast um das ganze Gebäude herum läuft übrigens eine Steinbank, auf der die wartende Kundschaft sitzen konnte, bis sie vorgelassen wurde. Der Legende nach ist diese Bank die Ursache, warum eine Bank »Bank« heißt – oder auf italienisch »banco«. Auch alle heute noch üblichen Finanzmarktbegriffe wie Kredit, Bankrott oder Disagio sind italienisch-florentinischen Ursprungs – der Block um den Palazzo Medici war die Wall Street des 15. Jahrhunderts, hier schlug der Puls der damaligen Finanzwelt.

Der Palazzo Medici-Riccardi

Architekt: Michelozzo di Bartolommeo

Bauzeit: 1445–1459

Besonderheit: Das Wohnen wurde im 14. Jahrhundert erstmals seit der Antike wieder ein zentrales Architekturthema. Der Palazzo Medici-Riccardi in Florenz ist einer der frühen Wohnpaläste der Renaissance. Die drei Geschosse werden von einem riesigen Gesims bekrönt, das vom Dachabschluss antiker Tempel inspiriert ist.

STATION 6
DER BAROCK | SCHLOSS VERSAILLES

Pracht als Gradmesser von Bedeutung

Bei dem Begriff Barock denkt man unwillkürlich an vergoldete Engel oder füllige Rubensdamen, aber nicht sofort an mehrere Millionen Tote. Doch im Übergang zwischen Renaissance und Barock fand der Dreißigjährige Krieg statt, der die Welt völlig veränderte und neu aufteilte. Und leider hatte die Ursache dieses Krieges mit den Errungenschaften der so sehr am Menschen orientierten Renaissance zu tun – in mehrerlei Hinsicht.

Zunächst hatte um 1450 ein Renaissancemensch – Johannes Gensfleisch, genannt Gutenberg – den Buchdruck mit beweglichen Lettern erfunden. Konsequenz 1: Die Menschen begannen auf längere Sicht verstärkt lesen zu lernen, weil Bücher für sie ein leichter erreichbares Gut waren, das nicht mehr hinter dicken Klostermauern in Bibliotheken verborgen lag. Konsequenz 2: Schriften mussten fortan nicht mehr in klösterlichen Schreibstuben mühsam von Hand abgeschrieben werden, sondern ließen sich in kürzester Zeit vielhundert- oder -tausendfach vervielfältigen – so verbreitete sich auch kritisches Gedankengut in kürzester Zeit über ganz Europa.

Da das kritische Lesen, das skeptische Hinterfragen, das Nachforschen und Debattieren aber gerade im Humanismus der Renaissance en vogue geworden waren, ist es leicht vorstellbar, dass der eine oder andere Zeitgenosse nun selbst mal in der Bibel nachlas, ob die kirchliche Praxis dem Bibelwort entsprach. Und eines stand schon mal nicht drin: die Sache mit dem Ablasshandel! Vermeintlich ein Brief, den man kaufen

Pracht als Gradmesser von Bedeutung

Barocke Pracht
Die Brüder Cosmas Damian und Egid Quirin Asam errichteten 1733–1746 die Asamkirche in München als privates Bauprojekt. Das Innere ist als »theatrum sacrum«, als bühnenhafter Sakralraum mit inszenierten Lichteffekten, gestaltet.

und sich damit von allen Sünden befreien konnte, war der Ablass ein fragwürdiges Mittel, mit dem der amtierende Papst sein Lieblingsprojekt, den sündhaft teuren Petersdom in Rom, finanzieren wollte. »Das geht gar nicht!«, meinte daraufhin ein Mönch aus dem mitteldeutschen Wittenberg und schlug 1517 seine weltberühmt gewordenen 95 Thesen an die Tür der Schlosskirche. Der Einzelprotest Martin Luthers fiel auf fruchtbaren Boden: Zu weit hatte sich die Kirche in den vergangenen Jahrhunderten von den Menschen entfernt, zu stark sie bevormundet, in steter Angst gehalten, bestraft, verbrannt – jetzt lief das Fass über: Die

Protestantische Nüchternheit

Erbaut wurde die hier zu sehende Sint-Pieterskerk in 's-Hertogenbosch als katholische Kirche um 1450. Als der Maler Pieter Jansz Saenredam die Kirche 1632, wenige Jahre vor ihrer Zerstörung im Jahr 1645, malte, war sie bereits protestantisch geworden (Gemälde aus Privatsammlung).

Leute wollten eine einfache Kirche mit klaren Regeln und Pflichten. Und vor allem: Mit Nächstenliebe und Gerechtigkeit.

Wie Weltgeschichte manchmal spielt: Gerade zu dieser Zeit war der deutsche Kaiser Karl V. sehr mit der militärischen Abwehr der Türken beschäftigt, die 1529 vor Wien standen und das Abendland bedrohten. So konnte die Protestbewegung nahezu ungehindert wachsen und wachsen – bis sie einfach zu groß war, um verboten oder zerschlagen zu werden. Die Gegensätze zwischen den beiden Glaubensrichtungen, der protestantischen und katholischen, wurden immer deutlicher. In einer politisch aufgeheizten Stimmung entluden sie sich schließlich auf schreckliche Weise: 101 Jahre nach Luthers Thesenanschlag begann ein Krieg, der dreißig Jahre lang dauern sollte und einen ungeheuren Blutzoll forderte. Als 1648 die beiden kriegsführenden Parteien – Protestanten wie Katholiken – den Westfälischen Frieden schlossen, waren zwischen zwei und vier Millionen Europäer tot und weite Landstriche verwüstet. Es sollte viele Jahrzehnte dauern, bis sich der Kontinent von dieser Megakatastrophe erholte. Am Ende dieses fürchterlichen Gemetzels zerfiel Europa in zwei Welten, mit jeweils zwei Weltbildern und zwei Konfessionen.

Schloss Versailles
Gartenfassade erbaut ab 1661 unter Ludwig XIV. von Louis Le Vau, ab 1678 von Jules Hardouin-Mansart. *(Rechts und nächste Seite)*

Der Sonnenkönig
Ludwig XIV. in Herrscherpose und königlichem Ornat. Gemälde von Hyacinthe Rigaud von 1701, das als Original im Louvre in Paris zu bestaunen ist.

Dies wird anschaulich, wenn man die Bilder zweier Kirchen aus dieser Zeit vergleicht, beispielsweise die katholische Asamkirche in München (siehe Seite 57) und die protestantische Kirche St. Pieter in 's-Hertogenbosch in den Niederlanden (siehe Seite 58). Während man im katholischen Gotteshaus vor lauter Prachtentfaltung kaum einen freien Fleck zwischen den unzähligen Marmorsäulen, Gemälden, Stuckaturen, Engels- und Heiligenfiguren findet, ist das protestantische Gegenstück völlig nüchtern: geweißte Wände, so gut wie keine Skulpturen und Verzierungen, nur Kirchenbänke, Kanzel, Orgel – fertig! Kein Zierrat sollte in dieser Kirche vom gepredigten Wort ablenken, während in der anderen alle Register gezogen wurden, um den Herrn auch optisch zu preisen. Die kostbare Ausstattung katholischer Kirchen dieser Zeit setzt sich auch endgültig in der profanen Architektur durch. Während ein Cosimo de' Medici noch Wert darauf legte, dass ein Gebäude wenigstens nach außen hin eine gewisse Zurückhaltung in Sachen Luxus ausstrahlte, war das im barocken Schlossbau völlig anders. Architektur war nun ganz auf den Herrscher hin ausgerichtet, und es wurde bis zur völligen Überschuldung alles dafür getan, um allen zu demonstrieren, wie bedeutend der Mensch war, der im Inneren residierte. Vor allem ein Mann gab hier den

Takt an: Ludwig XIV. von Frankreich, der legendäre »Sonnenkönig«.

Der Hintergrund: Nicht alle Teilnehmer am Dreißigjährigen Krieg hatten an dessen Ende gleichermaßen am Boden gelegen. Das katholische Frankreich zum Beispiel ging relativ stabil aus dem Blutbad hervor und stieg innerhalb weniger Jahre zur führenden Macht in Europa auf.

Und damit beginnt jetzt auch diese Phase, die wir gemeinhin mit Barock verbinden: mit eleganten Hofgesellschaften, opulenten Gartenfesten und stolzen Herrschern, die sich auf repräsentativen Bildern in Lockenperücke, Hermelin und prachtvollen Strumpfhosen präsentierten.

Das barocke Schloss: Versailles bei Paris

Das typische barocke Schloss hatte ein großes bauliches Vorbild, dem es nacheiferte: Versailles bei Paris, von Ludwig XIV. (1638–1715)

Das Schloss Versailles

Architekt: Louis Le Vau, Jules Hardouin-Mansart

Bauzeit: 1661–1715

Besonderheit: Die Residenz der französischen Könige verwirklicht das Maximalprogramm des barocken französischen Schlossbaus. Ausgehend von der in Versailles zu monumentaler Größe gesteigerten Dreiflügelanlage des Schlosses mit Ehrenhof setzt sich die Architektur in einem riesigen, streng geometrisch geplanten Park fort. Das Schloss des absoluten Herrschers als Bezugspunkt und Strahlungszentrum gab für die absolutistischen Höfe in ganz Europa das Vorbild ab.

in Auftrag gegeben und 1677 zum Sitz der Regierung erklärt. »Jeder Landesfürst, der etwas auf sich hielt, versuchte so ein kleines Versailles zu bauen«, weiß Raimund Wünsche – je größer, desto bedeutender. Charlottenburg, Rastatt, Schleißheim, Ludwigsburg, Karlsruhe, Mannheim, Sanssouci, die Würzburger Residenz – diese und noch viele andere Schlösser waren von Versailles inspiriert. Nur: Das Vorbild selbst war nicht zu toppen. Rund 1300 Zimmer, über 2000 Fenster, mit einer Fassade, die mehr als einen halben Kilometer lang ist, über 90 Hektar Park mit allein 1400 Fontänen – und im Zentrum von allem lag … das königliche Schlafzimmer. Alles drehte sich um diesen Mann, der im Zentrum stand wie eine Sonne: das Aufstehen, das Zubettgehen, die Geburt seiner Kin-

der – bei (fast) allem waren Vertreter des Hofstaats dabei. Dem König zum Beispiel morgens »das Wasser reichen« zu dürfen galt als höchste Ehre – bis heute hat sich dieser Begriff erhalten.

Auch ein anderer geläufiger Begriff geht auf diese Zeit zurück: »antichambrieren«. Das System von Versailles war einfach: Je wichtiger man war, desto näher wohnte man beim König. Wer etwas vom König wollte, musste sich von Zimmer zu Zimmer, von einem Vertrauten zu einem noch ein bisschen besser Vertrauten, vorarbeiten – bei einem rund 15 000 Menschen starken Hofstaat – vom Bäcker bis zum Minister – ein meist aussichtsloses Unterfangen.

War dieser Ludwig XIV. ein durchgeknallter Potentat, ein Psychopath, der sich zu wichtig nahm? Nun, hinter der ganzen Günstlingswirtschaft steckte knallhartes politisches Kalkül: Der König zog den gesamten Adel

Vorbildcharakter
Repräsentativ ist der Ehrenhof der Würzburger Residenz, erbaut 1720–1780 von den Fürstbischöfen von Schönborn. *(Rechts)* In der Fassadengestaltung klingt deutlich die Ähnlichkeit zu Versailles an. *(Links)*

auf sich nach Versailles, beschäftigte ihn mit Jobs wie »das Wasser reichen« und verstrickte ihn so in ein System gegenseitiger Abhängigkeiten. Fernab ihrer Machtbasis, den reichen Gütern irgendwo in Frankreich, konnten die Adelsmitglieder besser unter Kontrolle gehalten werden: Der König hatte sie stets im Auge und verhinderte so Verschwörungen oder Aufstände. Meinte er jedenfalls. Doch drohte die Gefahr nicht vom Adel, sondern vom gesellschaftlich darunter angesiedelten Stand, dem Bürgertum. 1789 – nur 74 Jahre nach dem Tod des »Sonnenkönigs« – stürmten Revolutionäre die Pariser Bastille, kurz darauf wurden sein Ur-Ur-Ur-Enkel Ludwig XVI. und dessen Gattin Marie Antoinette aufs Schafott geschickt.

Doch zurück zur Architektur: »Ein barockes Schloss erkennt man an drei Hauptmerkmalen«, meint Raimund Wünsche, »an den Flügeln mit den endlosen Zimmerfluchten, an der Treppe und am Garten.«

Erstens: Die Zimmerfluchten. Ein barocker Herrscher, der etwas auf sich hielt, musste einen entsprechend großen Hofstaat haben und ihn auch unterhalten und unterbringen. So etwas lief natürlich gewaltig ins Geld, und hier trennte sich auch die Spreu vom Weizen: Möchtegern-Potentaten ereilte sehr schnell der Bankrott.

Zweitens: Die Treppe. Nun ist damit nicht gemeint, dass ein barockes Schloss Treppen hat; nein, es geht um eine bestimmte Treppe: das repräsentative Treppenhaus zur herrschaftlichen Etage, meist einer der prächtigsten Orte im Schloss. Jeder, der vom König empfangen wurde, musste da hinauf gehen. Und wenn nun ein bedeutender Gesandter eines wichtigen Landes die Stufen erklomm, konnte es sein, dass ihm der König entgegen kam – je höher die Stufenzahl, die der König hinab schritt, um so wichtiger war ihm sein Gast. »Entgegenkommend sein« – wieder so ein Begriff, den wir heute noch verwenden.

Drittens: Der Garten. Hier zeigt sich die Herrschaftsphilosophie am deutlichsten: In einem barocken Garten darf kein Grashalm so wachsen, wie er will – alles wird zurechtgestutzt und in Form gebracht, aus Blumenbeeten werden kunstvolle Ornamente, aus Büschen Skulpturen oder endlose Labyrinthe, aus Bäumen stramm stehende grüne Armeen. Die Natur hat sich dem Willen des Menschen bedingungslos unterzuordnen, das ist die zentrale Botschaft eines barocken Gartens.

Höfische Architektur
Das Treppenhaus der Würzburger Residenz mit Deckenfresko von Giovanni Battista Tiepolo von 1752/53. (*Nächste Seite*)

DIREKT GEFRAGT
PROF. WÜNSCHE

Was ist der Unterschied zwischen Renaissance und Barock?

Zunächst sollte man festhalten, was beiden Epochen, die hintereinander folgten und aufeinander aufbauen, gemeinsam ist: Beide greifen in ihren Architekturformen auf die Antike zurück. Folglich werden in beiden Epochen Fassaden und Räume nach festgelegten Bauordnungen gegliedert: Neben den bereits bekannten antiken Säulenordnungen (siehe Seite 27) wurden in der Renaissance und in der Barockzeit jedoch noch weitere, leicht variierende Ordnungen entwickelt und angewendet. Wichtige Unterschiede zwischen Renaissance und Barock bestehen etwa darin, dass die Renaissance klarere Formen und Gliederungen aufweist, die einzelnen Bauteile stärker voneinander abgesetzt sind und die Baustruktur insgesamt leichter zu erfassen ist. In der Barockzeit hingegen spielte der Architekt mit den überlieferten Formen, reizte die Möglichkeiten der Statik viel stärker aus und verfolgte gestalterisch das Ziel, den Gesamtaufbau des Gebäudes zu verunklären. Man ist erstaunt, welche kühnen elliptischen oder flach gemuldeten Gewölbeformen erfunden, wie nun Säulen hintereinander gestaffelt oder übereinandergestellt wurden und wie Räume durch übereck gestellte Bauteile Spannung gewannen. Der Barockbaumeister liebte außerdem kühne, mathematisch berechnete Formen, sei es im Grund- oder Aufriss. Der barocke Baumeister wollte Eindruck erzeugen: Mit unvergleichlicher Raffinesse war er deshalb bestrebt, den Betrachter zu überraschen und in Staunen zu versetzen. Die Dynamik des Barockraums zieht den Besucher regelrecht in seine Tiefe. Die auf Wirkung angelegte Architektur des Barock arbeitet mit einer spektakulären Lichtführung und den reizvollen Kontrasten farbiger Materialien. Der Schein wurde nicht als negativ angesehen: Wertvolle Materialien wie farbiger Marmor wurden ebenso nachgeahmt, wie man mit Stuckgips feinsten Carrara-Marmor vortäuschte. Und so verwundert es nicht, dass nachfolgende Epochen, die auf Materialechtheit oder sichtbare Funktionalität der Architektur Wert legten, die barocke Baukunst ablehnten.

STATION 7
DER KLASSIZISMUS |
DER KÖNIGSPLATZ IN MÜNCHEN

Das zweite Comeback der Antike

Antikenbegeisterung – ***Blick in Griechenlands Blüte***
Kopie eines Gemäldes von Karl Friedrich Schinkel aus dem Jahr 1825 von Wilhelm Ahlborn, 1836, das sich in den Staatlichen Museen zu Berlin befindet.

Wenn Sie über 30 sind, erinnern Sie sich bestimmt noch an den Medienhype um »Ötzi«. Am 19. September 1991 war die Mumie am Hauslabjoch hoch über dem Ötztal gefunden und innerhalb weniger Stunden zur Mediensensation des Jahres geworden. Denn die Ausrüstungsgegenstände, die Kleidung, der Mageninhalt, der Zustand der Zähne, die Tätowierungen – all das erlaubte der Wissenschaft, einen Blick in eine Zeit zu werfen, aus der es kaum Zeugnisse gab: die Jungsteinzeit.
Vielleicht muss man sich so ähnlich die öffentliche Reaktion vorstellen, als 1763 die Nachricht durch ganz Europa schwappte, dass Archäologen bei der

Ausgrabung einer Ruine bei Neapel eine Tafel mit der Aufschrift »Res Publica Pompeianorum« gefunden hatten – wörtlich: »öffentliche Sache Pompejis«, sinngemäß: »Stadtverwaltung Pompeji«. Eine Sensation, denn das war der schlagende Beweis dafür, dass man hier das sagenhafte Pompeji wiederentdeckt hatte. Und – wie bei Ötzi – lag auch hier eine längst vergangene Zeit konserviert vor den Augen der Öffentlichkeit. In Windeseile sprach es sich herum, was man nach und nach unter der Lavaschicht entdeckt hatte: ganze Straßenzüge mit Mietshäusern, Läden, Eckkneipen und sogar Bordellen, exquisite Villen mit Bädern und Gärten, kostbare Wandgemälde und -mosaike. Und sogar Abdrücke von Menschen, die sich vor den glühenden Massen des Vesuvs schützen wollten – eine grausige Momentaufnahme von den Minuten des Untergangs am 24. August 79 nach Christus.

Ausgrabungsarbeiten
Ab 1748 setzten systematische Grabungen in Pompeji ein. Eines der ersten vollständig freigelegten antiken Bauwerke war der Isistempel in Pompeji, hier eine Darstellung der Ausgrabungen aus der zweiten Hälfte des 18. Jahrhunderts.

Ganz Europa geriet nach dieser Entdeckung in einen Taumel, und wer es sich leisten konnte, eilte nach Italien, um sich antike Stätten anzusehen und vor Ort die Aura dieser Epoche in sich einzusaugen: Mozart war ebenso da wie Heine oder Goethe.

Diese Antikenbegeisterung vor dem Hintergrund des Pompeji- (und auch Herculaneum-)hypes ist sicher ein zentraler Grund dafür, dass die Antike – nach der Renaissance – ein zweites Comeback in der Kunstgeschichte erlebte. Ein weiterer wichtiger Grund: Das alte Griechenland galt – trotz des Umstandes, dass es eine Sklavenhaltergesellschaft war –

Glyptothek
Ein zentraler Portikus mit ionischer Säulenreihe kennzeichnet den eingeschossigen Bau der Glyptothek in München.
(Nächste Seite)

als Wiege der Demokratie. Und damit waren die Bewohner der Athener Polis die Vorbilder der bürgerlichen Revolutionäre, die sich Mitte des 18. Jahrhunderts anschickten, die Herrschaft des Adels zu beenden. Zu lange hatte die blaublütige Oberschicht die anderen Menschen ausgesaugt und auf ihre Kosten geprasst – jetzt war Schluss mit lustig! Der Sturm auf die Pariser Bastille am 14. Juli 1789 war somit ein Funke, der bei jedem freiheitsliebenden Europäer in einen emotionalen Strohhaufen fiel und im Handumdrehen ein rebellisches Flammenmeer auslöste.

Der Königsplatz in München

Sie erinnern sich? »Die Renaissance ist kein 1 : 1-Nachbau von Antike!«, sagte Andreas Hild. Beim Klassizismus ist das nun aber anders: Die direkte Nachahmung antiker Bauten wird hier geradezu zum Programm erhoben. So

Die Glyptothek am Königsplatz

Architekt: Leo von Klenze

Bauzeit: 1816–1830

Besonderheit: Deutschlands berühmtestes klassizistisches Bauwerk präsentiert sich wie ein antiker Tempel. Nicht nur die Bauform, auch die Hinwendung zu Naturstein – hier wurde Ihrlersteiner Grünsandstein verwendet –, ist ein typisches Kennzeichen des Klassizismus. Die Glyptothek war übrigens die erste öffentliche Skulpturensammlung Deutschlands mit Werken aus Griechenland, Italien und Ägypten.

Isar-Athen
Der Königsplatz in München mit den Propyläen (Mitte), der Glyptothek (rechts) und der Staatlichen Antikensammlung im Anschnitt (Links). Die Planungen von Karl von Fischer und Leo von Klenze folgten dem Vorbild der Akropolis in Athen.

erteilte Anfang des 19. Jahrhunderts König Ludwig I. von Bayern seinem Hofarchitekten Leo von Klenze den Auftrag, aus München so etwas wie ein »Isar-Athen« zu machen. Ein Ergebnis ist – neben anderen klassizistischen Bauwerken – der Königsplatz, ein Ensemble aus drei Gebäuden, von denen jedes in einem bestimmten antiken Stil nachgebaut ist: die »Glyptothek« wird von ionischen Säulen geschmückt, die gegenüberliegende »Staatliche Antikensammlung« sieht aus wie ein korinthischer Tempel mit ebensolchen Säulen, und die »Propyläen«, die dem Eingangstor der Akropolis in Athen nachempfunden sind, werden von dorischen Pfeilern gestützt – der Königsplatz ist ein idealer Ort, um alle drei Prototypen der griechischen Säulenordnung (siehe Seite 27) mit nur zwei Kopfdrehungen studieren zu können. Um aber keine Missverständnisse aufkommen zu lassen: 1 : 1 der Antike nachempfunden war nur die Fassade, die Bautechnik dahinter entsprach dem neuesten Stand der Technik des beginnenden 19. Jahrhunderts. Das revolutionäre Moment dieser Architektur offenbart sich aber nicht nur in der Verwendung von Baumustern der vermeintlich »demokratischen« Antike, sondern noch in einem anderen Punkt: ihrem Zweck! Denn sowohl die Glyptothek als auch die Antikensammlung waren etwas für ihre Zeit spektakulär Neues: Museen. Das heißt: Hier waren Kunstschätze für jedermann zugänglich, denn in den vielen Jahrhunderten zuvor hätten normal Sterbliche wohl kaum die Chance gehabt, jemals

Idealrekonstruktion der Antike

Der Architekt Leo von Klenze setzte sich auch als Maler mit der Antike auseinander, wie hier in dem Gemälde *Ideale Ansicht der Stadt Athen mit der Akropolis und dem Areopag* von 1846, das in der Neuen Pinakothek München zu bewundern ist.

ein Meisterwerk zu Gesicht zu bekommen – alles war hinter den dicken Palastmauern der Herrschenden verborgen.

Der Museumsgedanke war in England aufgekommen, wo 1753 in London das British Museum eröffnet wurde, ein kulturgeschichtliches Riesenmuseum, das bis heute allen Besuchern freien Eintritt gewährt (aber Achtung: Bringen sie bei einem Besuch genügend Zeit mit, 7 Millionen Objekte fordern ihren Tribut). Auch in Frankreich hatte die Nationalversammlung 1793 beschlossen, die königlichen Kunstsammlungen in ein öffentliches Museum in Paris zu überführen – der Startschuss für den Louvre (allerdings sind die Franzosen etwas knausriger als die Briten: Freien Eintritt gibt es nur am ersten Sonntag eines Monats).

In der Münchner Glyptothek (1830 eröffnet) hatte der antikenbegeisterte Bayernkönig eine Sammlung griechischer und römischer Skulpturen von Weltrang zusammentragen lassen, die Antikensammlung (1848 eröffnet) beherbergt eine der weltweit bedeutendsten Sammlungen griechischer, etruskischer und römischer Kleinkunst: Vasen, Bronzen, Terrakotten, Glas und Schmuck vom 3. Jahrtausend vor Christus bis um 400 nach Christus. »Eine wunderschöne Museumsanlage«, findet Raimund Wünsche, ein Urteil, das wohl die meisten unterschreiben würden, obwohl Professor Wünsche da nicht ganz unvoreingenommen ist: Seit 1994 ist er selbst Direktor sowohl der Glyptothek als auch der Staatlichen Antikensammlung.

STATION 8
DER HISTORISMUS | DER KRISTALLPALAST

Viel »Retro« mit »Neo«

Auch der Historismus ist eine Rückbesinnung auf vergangene Baustile, aber aus anderen Motiven: War der Rückgriff des Klassizismus auf die Antike noch so etwas wie ein politischer Akt, eine Gegenbewegung zum Absolutismus des Barock gewesen, ist es nun eine Mischung aus neuem Geschichtsbewusstsein und Sehnsucht nach besseren Zeiten.
Wie sah die Welt im 19. Jahrhundert aus? Überall – selbst in idyllischen Schwarzwaldtälern – begannen sich Fabriken anzusiedeln, mit der Folge, dass Tag und Nacht ungefilterte Schwefelwolken aus den Schloten quollen und giftige Abwässer rücksichtslos in Bäche und Flüsse eingeleitet wurden. Eine weitere Konsequenz: Da, wo es Arbeit gab, ließen sich die Menschen nieder, um für Hungerlöhne zwölf Stunden lang zu schuften. Dass die Fabrikherren auch Kinder beschäftigten, empfanden sie nicht etwa als Ausbeutung, sondern als soziale Leistung: Die Kinder waren ja von der Straße weg und halfen das magere Familienbudget aufzubessern. Wie eine solche Arbeiterfamilie damals wohnte, kann man sehr plastisch in einer Semesterarbeit eines Sozialwissenschaftsstudenten nachlesen. Damals hatte die durchschnittliche Arbeiterwohnung zwei Zimmer – Küche plus Stube/Schlafzimmer – Toiletten lagen außerhalb der Wohnung: »Innerhalb der Wohngebäude gab es nochmals eine sozial-räumliche Trennung nach den Stockwerken, wobei hier die Wohnqualität vom ersten Stockwerk aufwärts und abwärts abnahm. Somit waren Keller- und Dachwohnungen die übelsten Behausungen einer Mietskaserne. Im Keller trockneten selbst im Sommer die nassen und schimmeligen Wände

nicht aus, der muffige Modergeruch konnte durch die (wenn überhaupt vorhandenen) spärlichen Fensteröffnungen nicht abziehen. In den Dachwohnungen sah es nicht viel anders aus. Im Sommer waren sie heiß und im Winter kalt. Das beschwerliche Treppensteigen in die zugigen Verschläge wurde besonders für alte Menschen zur unerträglichen Qual, der sie sich dann auch weniger aussetzen wollten. Sie lebten praktisch wie Gefangene in den eigenen vier Wänden.«[3]

Angesichts dieser trostlosen Lebenssituation, die zwar nur die Arbeiterschicht unmittelbar traf, die natürlich aber auch die anderen gesellschaftlichen Schichten stets vor Augen hatten, begann sich eine Sehnsucht nach einer guten alten Zeit zu entwickeln, in der die Flüsse noch sauber, die Bäche rein, die Wälder noch nicht abgeholzt, sondern von Feen und Waldgeistern bewohnt waren und sich die Bevölkerung nach wie vor in edle Fürsten und treue Bauern und noch nicht in gierige Kapitalisten und verelendete Proletarier aufteilte. So wurde ausgerechnet das Mittelalter zum Ziel romantischer Sehnsüchte, als eine Zeit voller

Verheerende Wohnungsnot
Berlin platzte gegen Ende des 19. Jahrhunderts aus allen Nähten, und es gab kaum bezahlbaren Wohnraum für die vielen in die Hauptstadt strömenden Arbeiterfamilien. Digital kolorierte Fotografie einer Berliner Arbeiterwohnung in der Möckernstraße 115 von 1903.

Märchen und mit einer besseren Weltordnung. Dass das zugleich auch die Zeit von Fürstenwillkür und lodernden Scheiterhaufen gewesen war, verdrängte man dabei geflissentlich.

Auch die Architektur reagierte auf diese neuen Sehnsüchte: mit »Neo«.

Alles, was es an Stilen früher mal gegeben hatte, wurde mit Begeisterung kopiert, teilweise auch kombiniert und mit dieser Vorsilbe versehen: Neo-Romanik, Neo-Gotik, Neo-Renaissance, Neo-Barock – Schulen, Brauhäuser, Postämter, Rathäuser, alles wurde im Zuge dieser neuen Retrowelle gestaltet.

Allerdings: Was wir heute an Gründerzeitbauten schätzen, die Stuckrosetten an den Zimmerdecken, die Fenstergiebel oder der Wandschmuck außen, das sind oft in Serie hergestellte Industrieprodukte. Aber nicht nur das Neo-Design, auch die Baumaterialien dazu kamen aus den Stätten mit den stinkenden Schloten und ausgebeuteten Arbeitern. Wurden früher im Hausbau

Der Kristallpalast

Architekt: Joseph Paxton

Bauzeit: 1851

Besonderheit: Die rationale Struktur dieser Ausstellungshalle begründete eine neue Tradition des technischen Bauens mit einer ganz eigenen Ästhetik. Die Standardelemente dieses rund 600 Meter langen Ingenieurbaus waren in Serienproduktion hergestellt und am Bauplatz montiert – ein eindrucksvolles Beispiel für die industrielle Vorfertigung architektonischer Elemente. Gusseisen war traditionellen Baustoffen überlegen bei Stützen und Trägern für schwere Lasten und weitgespannten Konstruktionen.

Spektakulär
Die Glas-Eisen-Konstruktion des tonnengewölbten Kristallpalasts ermöglichte die Schaffung eines sehr lichten Raumes. Verbindungsgitter und Stützen waren zudem farbig gefasst, wie man in dieser zeitgenössischen Darstellung erkennen kann.

beispielsweise Holzbalken von gut ausgebildeten Zimmerleuten aufwändig von Hand bearbeitet und verbaut, so werden jetzt Streben aus Gusseisen am Fließband in hohem Tempo von ungelernten, schlecht bezahlten Arbeitskräften gegossen und per Eisenbahn in kurzer Zeit direkt in die Nähe der Baustelle transportiert – diese billige industrielle Herstellung von Bauteilen verlieh der Architektur einen Riesenschub.

Der Kristallpalast in London

Als das Vereinigte Königreich beschloss, im Jahr 1851 im Hyde Park eine Weltausstellung auszurichten und alle Architekten des Landes aufforderte, einen Entwurf für einen britischen Pavillon abzuliefern, der der Stellung der Briten im Weltmarkt entsprach, war allen klar: Dieser Entwurf musste kühn und großartig ausfallen, denn England war damals die unbestrittene Nummer 1 im globalen Handel.
Eine andere Vorgabe in der Ausschreibung war allerdings kurios: Das Gebäude sollte so konstruiert sein, dass der alte Baumbestand des Hyde

Modernste Technik
Der Londoner Weltausstellungsbau von 1851 war zu seiner Zeit einzigartig und wegbereitend für die Architektur des 19. Jahrhunderts.
(Vorige Seite)

Park nicht darunter litt. Während viele Einreicher gerade an dieser Einschränkung scheiterten, war das die Stunde eines Gartenarchitekten: Joseph Paxton legte den Entwurf eines überdimensionalen Gewächshauses vor, so groß und so hoch, dass das Glasdach einfach die Kronen einiger mächtigen Ulmen überspannte. Uralte Bäume mitten in einer Ausstellungshalle: Das war natürlich ein Knaller!

Aber auch andere Details waren Rekord. Zunächst die Bauweise: Paxton verzichtete völlig auf Mauerwerk und ließ stattdessen massenhaft Gusseisenteile herstellen, die modulartig miteinander verbunden werden konnten und Glasscheiben trugen. Dann die Größe: 93 000 Quadratmeter Fläche, über einen halben Kilometer lang, rund 150 Meter breit und überall durchsichtig – ein völlig neues Raumgefühl, keine Mauer bremste den Blick! Ein weiterer Rekord: Die Bauzeit – nach nur vier Monaten stand das gigantische Glasgebilde.

Und dann war da noch eine weitere Weltneuheit: Der Crystal Palace war das erste öffentliche Gebäude, das öffentliche Toiletten mit Wasserspülung besaß …

Die Vorgabe mit den Bäumen verursachte allerdings noch einiges Kopfzerbrechen: Denn die riesige Halle beherbergte nun nicht nur einige Ulmen, sondern dummerweise auch die Vögel, die in ihnen lebten. Die wild hin und her flatternden Tiere nervten ziemlich schnell, nicht nur weil sie ständig kreischten, sondern auch, weil sie überall ihren Kot verteilten. Der Gedanke, dass bei der Eröffnung möglicherweise Queen Victoria getroffen werden könnte, trieb den königstreuen Veranstaltern in Sekundenschnelle den Angstschweiß in den Nacken … Fieberhaft sannen sie auf Abhilfe, wie man die Vögel am besten aus dem Crystal Palace herausbekommen könnte. Die naheliegendste Variante – einige geübte Entenjäger mit ausreichend Munition – schied wegen des vielen Glases sofort aus. Schließlich kam man auf eine andere Lösung: Man ließ innen einige hungrige Falken frei – die gefiederten Auftragskiller erledigten ihren Job zur vollsten Zufriedenheit …

Die Weltausstellung war schließlich ein großer Erfolg und Paxton von Stund an ein Star. Nach der Ausstellung wurde der Kristallpalast ab- und an anderer Stelle wieder aufgebaut, leider fiel er aber 1936 einem Großbrand zum Opfer.

STATION 9
DIE MODERNE | DAS CHRYSLER BUILDING

Weltweite Jagd nach Höhenmetern

Haben Sie schon mal versucht, zu Fuß in das 7. oder 8. Stockwerk zu steigen? Dann können Sie sich sicher sehr gut ausmalen, was es bedeuten würde, noch weiter hoch zu müssen, in die 10. oder gar 20. Etage ... Damit ist sicher leicht nachvollziehbar, dass *das* eine der wichtigsten Voraussetzungen für den Bau von Hochhäusern war: Die Erfindung des Aufzugs. Genauer: Die Erfindung einer Sicherheitsfangvorrichtung für Aufzüge. Dass man Lasten an einem Seil in die Höhe ziehen kann, das wusste man auch schon lange vorher – aber was, wenn das Seil riss? Im Jahr 1854 machte ein amerikanischer Mechanikermeister, Elisha Graves Otis (1811–1861), in New York einen spektakulären Selbstversuch: Er ließ sich per Seil auf einer Plattform nach oben ziehen – und befahl, das Seil durchzuschneiden! Den Menschen unten stockte der Atem: Jeder rechnete damit, dass die Plattform nach unten rasen und Otis' Körper zerschmettert werden würde ... Doch nichts dergleichen geschah: Eine raffinierte Konstruktion setzte nach dem Durchtrennen des Seils einen Federmechanismus in Gang, der dazu führte, dass sich der Aufzug in der Führungsleiste verkantete und so den Absturz blockierte. Erst mit dieser Demonstration begannen die Menschen Vertrauen für die senkrechte Beförderung aufzubauen. Und dann kam – Chartres lässt grüßen – wieder einmal eine Brandkatastrophe als »Beschleuniger« hinzu: Am Abend des 8. Oktober 1871 brach in Chicago ein verheerendes Feuer aus, das zwei Tage lang wütete und im Stadtzentrum eine acht Quadratkilometer große Fläche in Schutt und Asche legte. Eine Megakatastrophe. Für die

Günstiger Verkehrsknoten
Chicago liegt zwischen Flussmündungen am Michigansee. Durch die Schifffahrt und dank der 1848 eröffneten Eisenbahnstrecke wurde es zu einer pulsierenden Handelsstadt mit extremer Zuwanderungsrate. In dieser Zeichnung von 1871 ist Chicago vor dem großen Brand zu sehen.

Selbstversuch vor Publikum

Elisha Graves Otis, der Erfinder des Personenaufzugs, demonstriert seine neue Sicherungsbremse und bleibt den Beweis nicht schuldig – der Aufzug hält, auch wenn das Seil gekappt wird. Darstellung aus dem Jahr 1854.

einen jedenfalls. Doch wir befinden uns in Amerika und dort sind eben acht Quadratkilometer zerstörte Stadtmitte für andere acht Quadratkilometer freies Bauland in bester Citylage. Die Immobilienmakler Chicagos rieben sich jedenfalls die Hände und ließen die Grundstückspreise zunächst steil nach oben schießen. Nun zeigte aber auch die Bauherrenseite, dass sie einfallsreich war: Wenn der Quadratmeter Bauland schon immer teurer wurde, musste man eben Mittel und Wege finden, auf einer möglichst geringen Fläche möglichst viele Stockwerke übereinander zu schichten – was dank der Erfindung von Mister Otis ja jetzt möglich war. Dieses Bauherrenkalkül – im Zusammenspiel mit der städtischen Feuerschutzverordnung, die keine Holzhäuser mehr erlaubte – brachte eine ganz neue Architekturrichtung hervor, die sogenannte »Chicagoer Schule«, die eine Bautechnik entwickelte, die bis heute tonangebend ist. Die hohen Häuser wurden nicht mehr in Massivbauweise – also erst Fundament, dann feste Mauern, dann Dach –, sondern in Skelettbauweise hochgezogen. Das

Chrysler Building
Die berühmte Art Déco-Spitze macht den Wolkenkratzer zu einem Wahrzeichen New Yorks. Es ist eines der ersten Gebäude, an dem rostfreier Stahl verwendet wurde.

war eine Technik, die auch schon die mittelalterlichen Fachwerkkonstrukteure (siehe auch Seite 91ff.) angewandt hatten: Das Haus wurde von einem inneren Gerüst getragen – im Mittelalter war es noch aus Holz gewesen, jetzt verwendete man Eisenträger. Die Fassade war damit praktisch nur noch ein Wetterschutz, der Fachausdruck dafür heißt »Curtain wall« (siehe Seite 82), sinngemäß: eine Wand wie ein Vorhang.

Wie bei vielen erfolgreichen Ideen zogen aber andere schnell nach und überholten gar die Mutter der Idee: Wer heute an »Wolkenkratzer« denkt, verbindet derartige Bauwerke viel eher mit New York als mit Chicago.

Das Chrysler Building in New York

Ausgerechnet als die ganze Welt in ein Finanzdesaster gerissen wurde – mitten im Börsenkrach von 1929 – spielte sich in New York ein bizarrer Wettbewerb ab: Die Bank of Manhattan (40 Wall Street) und der Automobilkonzern Chrysler (405 Lexington) wetteiferten um den Titel »höchstes Gebäude der Welt«. Selbstbewusst hatte der Chrysler-Architekt William van Alen angekündigt, dass die geplante Höhe sagenhafte 282 Meter betragen würde. Klammheimlich sattelte daraufhin der Bank-of-Manhattan-Konstrukteur H. Craig Severance noch einen Meter drauf:

Das Chrysler Building

Architekt: William Van Alen

Bauzeit: 1928–1930

Besonderheit: Das Chrysler Building überschritt als erstes Gebäude die 300-Meter-Marke mit einer Höhe von 319 Metern. Schon nach einem knappen Jahr wurde es vom Empire State Building überragt. Die beiden Wolkenkratzer markieren den logistischen und technischen Durchbruch im Hochhausbau in den 1930ern. Hinter der im Art-Déco-Stil mit Wasserspeiern in Form von Radkappen, Kühlerfiguren und Kotflügeln dekorierten Wolkenkratzerfassade verbirgt sich die moderne Konstruktionstechnik der Skelettbauweise.

> **Curtain Wall**
>
> Ohne die unter anderem von Walter Gropius 1911 für Fabrikgebäude entwickelte Vorhangfassade, englisch »Curtain Wall«, wäre der gesamte moderne Hochhausbau mit seinen Stahl-Glas-Konstruktionen nicht vorstellbar. Im Gegensatz zum massiven Bauen, bei dem die Wände die Stockwerke tragen, übernimmt bei der Stahlskelettbauweise ein aus Stahlprofilen bestehendes starres Gerippe im Inneren alle tragenden Funktionen. Eine Fassade, meist aus Metall und Glas, ist dem konstruktiven Skelett als Gebäudehaut vorgehängt. Diese Curtain Wall trennt Innen von Außen und bestimmt die architektonische Erscheinungsform. Bereits in den 1920er Jahren gab es Überlegungen zu vollverglasten Hochhausbauten, doch erst in den 1950er Jahren wurde die Ästhetik der Transparenz für den Hochhausbau entdeckt. Glas war mittlerweile relativ preisgünstig und konnte dazu verwendet werden, fast jede Gebäudeform zu verkleiden. Mit dem Seagram-Building Mies van der Rohes (siehe Seite 137) entstand 1958 in New York das später in seiner Eleganz nie mehr erreichte Vorbild für den modernen Hochhausbau: ein Stahlskelett-Hochhaus in Form einer Scheibe, dessen Curtain Wall-Fassade aus bronziertem Aluminium und Glas besteht.

283 Meter – und lachte sich ins Fäustchen! Allerdings zu früh. Denn Van Alens Höhenangabe war eine bewusste Irreführung gewesen: Im Inneren des Hauses ließ er riesige Stahlplatten lagern, die er zu einem Zeitpunkt, als das Manhattan-Team nicht mehr darauf reagieren konnte, zusammenschrauben und per Kran aufs Dach hieven ließ – vor den Augen der fassungslosen Konkurrenten aus der Wall Street wuchs der Wolkenkratzer so auf 319 Meter an. Damit hatte das Chrysler Building nicht nur den Rekord, sondern auch die wunderschöne Art-Déco-Krone, die es bis heute so einzigartig macht.
Was den Weltrekord angeht: Der hielt gerade mal ein Jahr, dann ging der Titel an das Empire State Building mit seinen 381 Metern.

Skyline um 1935
In der Mitte sticht das Chrysler Building aus der New Yorker Wolkenkratzer-Skyline heraus. Fotografie um 1935.

Heute – über ein dreiviertel Jahrhundert später – spielt der Hochhausbau in einer anderen Liga: Das weltweit höchste Haus, der Burdsch Chalifa (siehe Abbildung Seite 106) ist mit 828 Metern über einen halben Kilometer höher als die beiden Konkurrenten aus Manhattan. Experten sehen aber auch hier noch keine Grenze: Man könnte – technisch gesehen – noch höher bauen. Nur ob sich das finanziell noch trägt und ob man die vielen Wohnungen und Büros überhaupt noch vermietet bekommt, steht auf einem anderen Blatt. Und noch ganz andere Probleme müssen auf solchen Megabaustellen gelöst werden: Wie bekommt man beispielsweise den Beton in der Wüstenhitze schnell genug so weit nach oben? In Dubai musste dafür ein ganz neues Hochleistungspumpsystem entwickelt werden. Oder die Aufzüge: Wie viele Stockwerke kann man in einem Aufzug maximal bewältigen? Und: Wie oft muss man umsteigen, wenn man ganz nach oben will? Diese beiden Fahrstuhl-Fragen musste in Dubai übrigens die amerikanische Firma Otis beantworten. Richtig! Den Namen kennen Sie! Nach seinem spektakulären Selbstversuch hatte Elisha Graves Otis eine Aufzugsfirma gegründet, die es heute noch gibt – so ist sowohl das erste als auch das vorerst höchste Hochhaus mit diesem Mann und seiner Erfindung verbunden.

VON STONEHENGE ZUM CHRYSLER BUILDING
WAR DAS JETZT ALLES?

Kann man eine jahrtausendealte Kulturdisziplin wie die Architektur wirklich an nur neun Beispielen abhandeln? Wenn man nur die großen Entwicklungslinien sehen will: Ja! Will man aber die Architektur in allen ihren Feinheiten, regionalen oder internationalen Abweichungen, Neben- und Unterstilen kennen lernen möchte: Nein!

Architektur der Maya
Die »Pyramide des Wahrsagers«, Teil der historischen Stadt Uxmal, entstand um 700 nach Christus. Man schätzt, dass die Stadt zu ihrer Blütezeit 25.000 Einwohner zählte.

Nach diesem Parforce-Ritt durch 11 000 Jahre Architekturgeschichte seien deshalb noch zwei Überlegungen ergänzt:

Erstens: Einige Stilrichtungen der europäischen Architektur haben Sie hier nicht gefunden. Beispielsweise das Rokoko, eine aus dem Barock hervorgegangene Richtung mit überbordender Pracht, oder den Jugendstil mit seinen floralen Ornamenten. Auch die totalitären Architekturen des Nationalsozialismus oder Stalinismus fehlen. Der Grund: Diese Stile entwickelten keine neuen architektonischen Grundideen, sondern können als Weiterentwicklungen oder Gegenentwürfe bestehender Basisstile verstanden werden.

Zweitens: Architektur hat sich in verschiedenen Kulturen ganz unterschiedlich entwickelt. Sie erinnern sich? Als sich die Jungsteinzeitmenschen mit den Felsblöcken von Stonehenge abmühten, erblühte in

Verbotene Stadt
Von 1406 bis 1420 erbaut, war der auf einem schachbrettartigen Grundriss angelegte Palastkomplex in Peking fünf Jahrhunderte lang die Residenz der chinesischen Kaiser und umfasste insgesamt rund 890 Paläste.

Ägypten eine Hochkultur, die bereits in der Lage war, im Wüstensand Pyramiden von rund 150 Metern Höhe zu errichten. Es gibt einige eindrucksvolle Beispiele, die spotlightartig verdeutlichen, dass Europa in der Kultur und Architektur durchaus nicht immer der Nabel der Welt war, sondern es zu verschiedenen Zeiten in anderen Teilen der Welt Kulturen gab, die ebenfalls zu Höchstleistungen fähig waren:

Als Mönchsorden ab dem 7. Jahrhundert Europas Wildnis mit einem Netz an Klöstern überzogen, blühte in Mittelamerika die Mayakultur mit Städten, die mehrere zehntausend Einwohner hatten. Als im Jahr 1093 Pfalzgraf Heinrich II. von Laach das Kloster Maria Laach stiftete, stand in Jerusalem der Felsendom, ein Meisterwerk islamischer Architektur, bereits seit rund 400 Jahren. Als Cosimo de' Medici 1444 den Auftrag zum Bau seines Bankgebäudes gab, war einige Jahre zuvor in Peking die »Verbotene Stadt« fertig geworden, ein gigantischer Kaiserpalast mit 9999 Räumen (bitte beachten Sie dabei, dass das erst zwei Jahrhunderte später gebaute Versailles mit seinen nur 1300 Räumen gemeinhin als das Nonplusultra seiner Zeit gefeiert werden wird!). Als sich 1648 die erschöpften Gegner des Dreißigjährigen Krieges im Westfälischen Frieden einigten, wurde im selben Jahr – einige tausend Kilometer Luftlinie entfernt – das Taj Mahal im indischen Agra eingeweiht, ein prächtiges Grabmal der Superlative und eine Ikone islamischer Baukunst.

Global betrachtet ist Architektur also keine chronologische Abfolge von klar voneinander abzugrenzenden Stilen, sondern ein lebendiges System, das erstens den unterschiedlichsten Impulsen und Einflüssen ausgesetzt ist, zweitens sich parallel oder zeitversetzt entwickelt, und dessen Entwicklungen sich drittens überschneiden oder auch überhaupt nicht berühren können. Kurz: ein hochkomplexes, kaum zu überschauendes Gebiet. Für den Einsteiger ist es deshalb sinnvoll, sich zunächst mit einem Entwicklungsstrang aus diesem dichten Zopfgeflecht, der abendländischen Architektur, zu beschäftigen und an konkreten Fallbeispielen ein Verständnis dafür zu entwickeln, wie geschichtliche Rahmenbedingungen, praktische Funktionen und das Bedürfnis nach Repräsentation sich in Gebäudetypen und -stilen niederschlagen. So gerüstet, ist es im nächsten Schritt viel einfacher, auch über den Tellerrand des eigenen Kulturraums hinaus zu blicken.

Indische Baukunst
Das Mausoleum für die verstorbene Gemahlin des Großmoguls, das Taj Mahal, wurde 1631–1648 errichtet. Es steht in Agra im indischen Bundesstaat Uttar Pradesh.

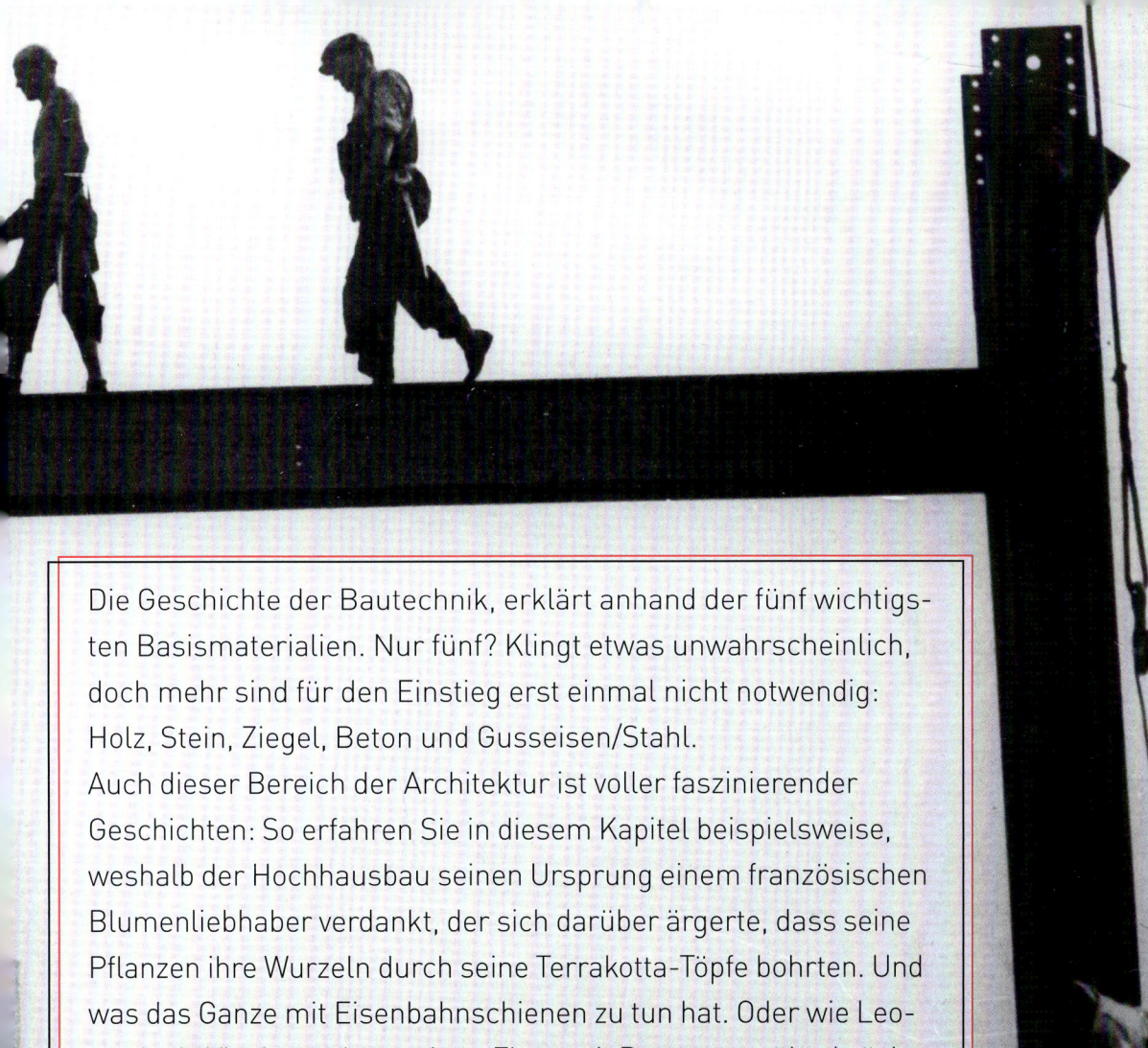

Die Geschichte der Bautechnik, erklärt anhand der fünf wichtigsten Basismaterialien. Nur fünf? Klingt etwas unwahrscheinlich, doch mehr sind für den Einstieg erst einmal nicht notwendig: Holz, Stein, Ziegel, Beton und Gusseisen/Stahl.

Auch dieser Bereich der Architektur ist voller faszinierender Geschichten: So erfahren Sie in diesem Kapitel beispielsweise, weshalb der Hochhausbau seinen Ursprung einem französischen Blumenliebhaber verdankt, der sich darüber ärgerte, dass seine Pflanzen ihre Wurzeln durch seine Terrakotta-Töpfe bohrten. Und was das Ganze mit Eisenbahnschienen zu tun hat. Oder wie Leonardo da Vinci es gelang, einen Fluss mit Brettern zu überbrücken, von denen jedes einzelne kürzer war als der Fluss breit.

DES BAUENS
BAUMATERIALIEN

BAUSTOFF 1
HOLZ

Der Urbaustoff ... Die Vorteile liegen auf der Hand: leicht zu bearbeiten und zu transportieren – scheinbar! Das war aber nicht immer so. In der Jungsteinzeit zum Beispiel war der Bau einer Holzbehausung ein logistisches Kommandounternehmen, das eine Sippe monatelang auf Trab hielt. Archäologen haben errechnet, dass – zum Beispiel für einen familiengerechten Pfahlbau am Bodensee – allein die Materialbeschaffung fast zwei Monate lang gedauert haben muss.[1] Sechs bis acht Wochen lang hätte also ein Teil einer Jungsteinzeitsippe (der Rest hätte gekocht, geerntet und die Tiere versorgt) nichts anderes gemacht, als um den See zu streifen, stets auf der Suche nach dicken und dünnen Prügeln, vielen langen schlanken Pfählen und – vor allem – vier dicken hohen Pfählen, am besten mit einer Y-Gabel in sechs Meter Höhe, die später dann den querliegenden Firstbalken halten sollten. Wenn Steinzeitmenschen so durch den Wald zogen, hatte das etwas von einem Baumarktbesuch: Jeder Baum, jede Pflanze wurde ausschließlich unter Verwertbarkeitskriterien betrachtet – ein prähistorischer »Obi-Blick« sozusagen ... Da: Brennnessel! – besonders gut, um Seile daraus zu drehen ... hier: Rohrglanzgras! – zu dichten Bündeln geschnürt das beste Material für ein dichtes Dach ... dort drüben: Weidenzweige! – super für das Flechten von Zwischenwänden, fehlt nur noch ... ach ja, da hinten in der Senke: Lehm! – zum Verfugen von Wänden und Böden ...
Rund zwei Monate Materialsuche, hinzu kamen dann noch mehrere Monate Bauzeit: Rund 20 Festmeter Holz, bestehend aus etwa 300 Balken, Pfählen und Pfosten, wären für ein solches Gebäude mit einem einzigen, etwa 20 Quadratmeter großen Innenraum verarbeitet worden – eine gewaltige Herausforderung für eine Sippe.
Holz spielte auch im weiteren Verlauf der Geschichte eine gewaltige Rolle. Zum Beispiel beim Bau von Hafenstädten wie Amsterdam oder

Abbildung Seite 88–89: Die Bauarbeiten an einem Hochhaus sind nur etwas für Schwindelfreie. Das Foto um 1934 zeigt Arbeiter auf dem Baugerüst des RCA Building, Herzstück des 1932–1940 erbauten Rockefeller Center in New York.

Venedig. Beide Städte stehen jeweils auf einer Millionenarmee von Baumstämmen, die – der Pfahlbau stand Pate – in den schlammigen Meeresgrund getrieben wurden, um die Fundamente der mächtigen Steinhäuser zu tragen. Holz? Und das im Wasser? Fault das nicht? Nein, das ist das faszinierende an diesem Baustoff: Wenn er völlig von Wasser umgeben und von der Sauerstoffzufuhr abgekoppelt ist, wird er konserviert. Ein Problem wäre nur, wenn die Meeresspiegel sinken und die

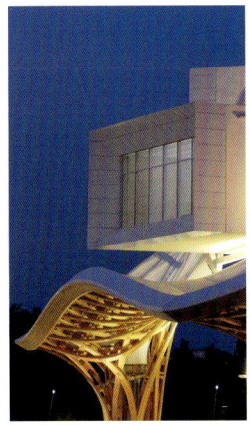

Swinging Architecture
Das Centre Pompidou-Metz des japanischen Architekten Shigeru Ban, das 2010 eröffnet wurde, repräsentiert zeitgenössische Holzarchitektur. *(Links)*

Fernöstliche Assoziation
Das Dach soll an den Strohhut eines Reisbauern erinnern. *(Rechts)*

obersten Holzenden aus dem Wasser ragen würden – aber zur Zeit ist ja eher eine gegenläufige Entwicklung der Meeresspiegel zu beobachten. Apropos Umwelt: Die Technik, mit solchen Baumstämmen solide Fundamente zu bauen, war damals alles andere als nachhaltig und löste eine erste ökologische Katastrophe aus – für Venedigs und Amsterdams Untergrund wurden ganze Waldregionen kahl geschlagen.
Auch die Bauherren des Mittelalters schätzten Holz sehr – und entwickelten eine Bautechnik weiter, die schon die Jungsteinzeitmenschen im Ansatz kannten und die bis heute aktuell ist: die Skelett- oder Fachwerkbauweise. Holzbalken wurden dabei so miteinander verbunden, dass sich ein stabiler engmaschiger Rahmen bildete, dessen Zwischenräume dann mit Steinen oder Lehm gefüllt wurden – diesem Prinzip, dass die eigentliche Wand gar keine tragende Funktion mehr erfüllt, sind Sie in der Architekturgeschichte schon mehrmals begegnet: bei der Kathedrale von Chartres zum Beispiel oder beim Chrysler Building.

INFOELEMENT: HOLZ

Fachwerk

Fachwerk ist die am meisten verbreitete historische Bautechnik in Mitteleuropa. Fachwerkhäuser ersetzten seit dem 13. Jahrhundert ältere Holzbautechniken vor allem in Deutschland, Frankreich und England, weil hier Bauholz leicht und billig zu beschaffen war. In dieser Bauweise entstanden sowohl Bürger- und Bauernhäuser, Wohnhäuser, Ställe, Speicher und Scheunen als auch Kirchen, Burgen, Adelshöfe und Rathäuser.

Fachwerk setzt sich zusammen aus einem tragenden Holzgerüst und kaum tragenden Füllungen, den Gefachen. Diese können aus mit Stroh vermengtem Lehm, das auf ein hölzernes Flechtwerk aufgetragen ist, aus Naturstein, ungebrannten Lehmziegeln oder Backstein aufgebaut sein. Die Hölzer wurden nie miteinander verklebt oder verschraubt, sondern durch kamm- oder blattartige Sägeschnitte oder Holzzapfen miteinander verbunden.

Es gibt prinzipiell zwei Konstruktionsweisen: Beim Stockwerk- oder Rähmbau haben die senkrechten Ständer die Höhe einer Etage und werden oben durch ein waagerechtes Holz abgeschlossen, auf dem die Balkenlage der nächsten Etage aufliegt. Beim Geschossbau reichen die Ständer der Außenwand vom Gebäudesockel bis unter den Dachansatz, die Enden der Balkenlagen sind in die Wandständer eingezapft. Eine Fachwerkwand besteht meist aus einem waagerechten Grundholz, auf der die senkrechten Ständer stehen, die am oberen Ende durch ein weiteres waagerechtes Holz verbunden sind. Schräge Hölzer stabilisieren das Ganze. Die Fassade gestaltete man durch die engere Anordnung der Hölzer oder eine repräsentative Vorkragung der oberen Stockwerke. Schnitzereien wie Profile an Portalen oder Fenstern gibt es erst Ende des 15. Jahrhunderts. Im Barock wurden Wohnhäuser häufig mit der Breitseite zur Straße gebaut; dieser neue Bautyp setzte sich in ganz Deutschland durch. Städtische Fachwerkhäuser wurden ab dem 18. Jahrhundert zunehmend verputzt oder mit einem einheitlichen Anstrich versehen, um einen als schicker geltenden Steinbau vorzutäuschen. Auf dem Land blieb der Fachwerkbau noch bis nach der Mitte des 19. Jahrhunderts die bevorzugte Bauweise. Danach verdrängte der Ziegel den Fachwerkbau.

Mit Holz wurde vielerorts gebaut
Fachwerkhäuser aus dem späten Mittelalter in dem normannischen Hafenstädtchen Honfleur. *(Linke Seite links)*

Überhängend Das Fachwerk des Rathauses von Alsfeld (1512–1516) ist in Rähmbauweise gefertigt: Die Stockwerke sitzen aufeinander auf. Dadurch gewinnen die oberen Etagen mehr Platz und können repräsentativer werden. *(Linke Seite rechts)*

Fachwerkstadt Fast die gesamte Altstadt Quedlinburgs besteht aus denkmalgeschützten Fachwerkbauten. Sie ist deshalb seit 1994 UNESCO-Weltkulturerbe. *(Oben links)*

Reich verziert Beliebte Schmuckformen sind Andreaskreuze unter den Brüstungsgefachen der Fenster, hier kombiniert mit Rauten. Diese Fachwerkhäuser stehen in Trochtelfingen auf der Schwäbischen Alb. *(Oben rechts)*

BAUSTOFF 2
STEIN

Stein hat gegenüber Holz einen gewaltigen Vorteil: Holz vermodert, wenn es nicht von der Sauerstoffzufuhr abgeschlossen ist, Stein hält im Vergleich dazu ewig – sieht man einmal von den Schäden durch Abgase und sauren Regen ab. Allerdings gibt es auch gewichtige Nachteile: Stein ist schwer zu bearbeiten und zu transportieren – das galt vor allem für die Zeit, in der die Menschen noch mit Steinbeilen hantierten und das Rad noch nicht erfunden war.

Deshalb ist Stonehenge für uns auch ein so faszinierendes Mysterium: Wie haben die Jungsteinzeitleute es geschafft, vor vielen Tausend Jahren die viele Tonnen schweren Findlinge von ihrem 240 Kilometer entfernten Ursprungsort an die Baustelle zu bringen? Immer neue Theorien machen die Runde. In einem Experiment wurde beispielsweise versucht, einen acht Tonnen schweren Findling über gefrorenen Boden, Eis und Schnee zu bewegen, »jedoch drückte der Findling aufgrund seines Gewichtes zu sehr in den Boden, so dass jede kleine Bodenunebenheit zum unüberwindbaren Hindernis wurde ...«, wird auf www.stonepages.de berichtet. Auch der Transport auf Rollen war ein hochkompliziertes Unterfangen: »... denn die Rollhölzer mussten genau parallel laufen, ebenfalls in den Kurven. Die Schienen müssen höhengleich sein. Auch wurde ein Schlitten benötigt, auf dem die Last ruht ...«[2]

Einer weiteren Theorie zufolge haben die Stonehenge-Menschen – zumindest beim Transport – keinen Finger gerührt: In seinem Buch *The Bluestone Enigma* vertritt der Geologe Brian John von der University of Durham die These, dass Eiszeit-Gletscher vor 400 000 Jahren die Felsblöcke vor sich hergeschoben hätten, und zwar bis auf Höhe des heutigen Stonehenge, wo sie nur noch in Kreisform gelegt und aufgerichtet werden mussten.

Eine der jüngsten Theorien stammt von dem britischen Archäologen Andrew Young. Er hatte in Schottland in der Nähe eines Steinkreises eine große Menge fast identischer, tennisballgroßer Steinkugeln gefunden. Könnte es sein, dass diese Steine – in großer Masse nebeneinander gelegt – als eine Art Kugellagerbett fungierten, über das die riesigen Blöcke bewegt wurden?

Noch gibt es in diesem Zusammenhang vieles, was man nicht weiß, manches konnte allerdings geklärt werden, zum Beispiel die Frage, wie die jungsteinzeitlichen Baumeister einen Stein aufrichteten: Sie gruben an dem einen Ende eine Grube, hebelten den Felsen am anderen Ende hoch, so dass er in das Loch rutschte. Dieses Wissen um Hebelkräfte verfeinerte sich zunehmend im Laufe der nächsten Jahrhunderte und erreichte in den antiken Kulturen einen ersten Höhepunkt – mit raffinierten Geräten wie Seilwinde oder Flaschenzug konnte man nun dementsprechend kunstvoll bauen. Wer heute vor dem Parthenon steht, ist zunächst

Griechische Säulenhalle
Die Attalos-Stoa, die 1956 rekonstruiert wurde, war Teil des Athener Marktplatzes, der Agora. Eine Stoa diente unter anderem als Versammlungsort. *(Linke Seite)*

von der unglaublichen Präzision der Steinbearbeitung beeindruckt, denn wie bereits ausgeführt: In die Fugen zwischen den übereinandergeschichteten Säulentrommeln passte keine Messerklinge. Ein anderer wichtiger Punkt wird in diesem Zusammenhang gerne übersehen: Die große Zahl der Säulen hat ihren Grund nicht nur in der überwältigenden optischen Wirkung! Stünden die Säulen nicht so dicht beieinander, würde der Architrav, der steinerne Querbalken, durch sein Eigengewicht der Zugbelastung nicht mehr standhalten und brechen. Das wiederum aber hatte eine weitreichende Konsequenz: Die Griechen besaßen mit ihrem Steinbau kein Konzept für das Überbauen großer, freier Flächen, zum Beispiel für Versammlungen – man würde in einer griechischen Halle vor lauter Säulen den Redner nicht sehen! Allerdings war es für die Griechen – wohl auch wegen des vorwiegend guten Wetters – nicht so schrecklich dramatisch, keine riesigen Veranstaltungshallen zu besitzen: Wenn man einer großen Menge von Menschen etwas mitzuteilen hatte, so tat man das eben unter freiem Himmel. Große Hallen bauen, das konnten erst die Römer.

Szenenwechsel: Wir schreiben das Jahr 50 vor Christus. Ganz Gallien ist von den Römern besetzt ... und im Süden des Landes galt es, eine Römerstadt – Nemausus, das heutige Nîmes – mit Wasser zu versorgen. 20 Kilometer außerhalb der Ortschaft gab es eine ergiebige Bergquelle – man beschloss, sie durch eine Wasserleitung mit der Stadt zu verbinden. Doch aus den 20 Kilometern Luftlinie wurden – wegen der dazwischen liegenden Höhenzüge – schließlich 50 Kilometer, was die Ingenieure vor ein neues Problem stellte. Da die Quelle nur 12 Meter höher lag als die Stadt Nîmes, durfte der Aquädukt nur ein Gefälle von 24 Zentimetern pro Kilometer haben – sonst hätte er irgendwo weit vor der Stadt bereits das Bodenlevel erreicht. Und noch eine Schwierigkeit galt es zu meistern: Zwischen Quelle und Stadt verlief eine 50 Meter tiefe Schlucht, durch die der Fluss Gardon donnerte. Es gab nur einen Weg für die Wasserleitung: Man musste oben drüber. Und so bauten die Römer auf 275 Meter Länge eine Bogenbrücke, auf die sie eine weitere setzten, bis sie mit Bogenreihe drei das notwendige Level erreicht hatten, um den Schluchtrand links mit dem Schluchtrand rechts zu verbinden. Die Brücke ist so exakt ge-

Bögen aus Muschelkalk
Überall am Mauerwerk ragen unregelmäßige Steine hervor, an denen beim Bau des Pont du Gard die Gerüste verankert wurden. (*Oben*)

Lehrgerüst
Aus Holz wird die Negativform eines Bogens gebaut, das Lehrgerüst. Sind die keilförmigen Steine der Form entsprechend aufgemauert, kann das Lehrgerüst weggenommen werden. So rutschen die Steine zusammen, verkeilen sich, und der Bogen trägt sich selbst. (*Unten*)

Typisch römisch
Auf geradem Weg über die Schlucht. Der Pont du Gard in Südfrankreich diente der Wasserversorgung. Über den Aquädukt (lateinisch »aqua« = Wasser) flossen täglich 20.000 Kubikmeter bestes Quellwasser.

baut, dass die obere Rinne ein minimales Gefälle im Zentimeterbereich aufweist – eine unglaubliche Präzision, die Raimund Wünsche begeistert. Die Grundlage für dieses großartige Bauwerk ist die sogenannte Bogenbautechnik: Man zog ein Holzgerüst – das sogenannte Lehrgerüst – in die Höhe, das oben in Form eines Halbkreises abgerundet war. Jetzt mauerte man entlang der Senkrechten Stein auf Stein und baute ab dem Punkt, an dem die Rundung begann, mit keilförmigen Steinen weiter. War der Bogen geschlagen, konnte man das Gerüst darunter abbauen, und die Steine verkeilten sich so ineinander, dass der Bogen nicht zusammenstürzen konnte – eine Konstruktionsweise von beeindruckender Stabilität: Der Pont du Gard steht auch heute noch wie eine Eins. Auch bei vielen anderen römischen Bauwerken wäre das ganz sicher der Fall, wenn die Menschen späterer Generationen sie nicht als Steinbrüche verwendet hätten.

BAUSTOFF 3
ZIEGEL

Lehm ist eine tolle Sache, das wussten auch schon die Bewohner Mesopotamiens um 6500 vor Christus: Aus dem feuchten Schlamm konnte man Schalen und Krüge formen und dann in der Sonne trocknen. Außerdem ließ sich wunderbar eine feste Wand erzeugen, wenn man Lehm in ein dichtes Holzgeflecht hineinklatschte. Möglicherweise kam in einer Gegend, in der es deutlich mehr Schlamm zum Hineinklatschen als Holz zum Flechten gab, ein Mensch auf die Idee, das Holz einzusparen, indem er Lehm in kleinen Portionen trocknete, diese kleine Portionen aber vorher so formte, dass man sie nachher zu einer Wand aufeinanderschichten konnte … Vielleicht war es aber auch ganz anders: Jedenfalls sind aus dieser Zeit die ersten Lehmziegel bekannt.

Leicht herstellbar, leicht transportierbar, leicht verbaubar; darüber hinaus sorgt Lehm noch für ein angenehm kühles Raumklima – die Vorteile des Ziegels liegen auf der Hand. Allerdings: In dieser getrockneten Form ist er auch anfällig. Vielleicht erinnern Sie sich an die Bilder vom Jahrhunderthochwasser in Polen und Rumänien 2009: Immer wieder sah man alte Bauernhäuser oder Scheunen, deren Dach direkt auf dem Erdboden lag. Die uralten Gebäude waren aus ungebrannten Ziegeln gebaut worden, und nun – im Hochwasser – lösten sich die förmlich auf wie ein Brühwürfel im Suppentopf – eine Katastrophe für die Betroffenen.

Fazit: So richtig gut ist der Ziegel oder Backstein erst, wenn er gebrannt ist – bei mindestens 900 Grad, Ziegel für die witterungsbeständigen Außenmauern benötigen sogar Temperaturen bis zu 1300 Grad. Klar, dass es frühen Kulturen nicht möglich war, so hohe Temperaturen zu erzeugen. Deshalb kam der große Durchbruch dieses Baustoffs erst bei den Römern, die damit alles bauten: Thermen, Hallen, Bögen, Gewölbe, Brücken …

Überragender Kuppelbau
Santa Maria del Fiore in Florenz: Weltweit unübertroffen ist bis heute die Größe der Mauerwerkskuppel. *(Rechts)*

Tonnenschwerer Aufsatz
Die »Laterne« aus Marmor lässt sich besteigen: 463 Stufen führen im Innern der doppelschaligen Ziegelkuppel des Florentiner Doms hinauf. Belohnt wird man mit einer grandiosen Aussicht. *(Links)*

Eine der aufregendsten Baugeschichten rund um den Ziegel spielt allerdings über ein Jahrtausend später, am Beginn der Renaissance. Udo Peil, Wissenschaftler an der Technischen Universität Braunschweig, hat die Umstände des Baus der gewaltigen Florentiner Domkuppel in einem Buch zusammengetragen, das sich wie ein Architekturkrimi liest.[3]
Bereits im Jahr 1294 hatten die Florentiner Bürger entschieden, einen neuen Dom zu errichten, doch Kriege, Finanzkrisen und eine fürchterliche Pestepidemie verzögerten den Baubeginn immer wieder. Im Jahr 1367 legte schließlich eine Expertengruppe um Neri di Fioravanti einen spektakulären Entwurf mit einer gewaltigen Kuppel vor – ein kühner Plan, der nur eine kleine Schwäche hatte: Er enthielt keinerlei technische Hinweise darauf, wie diese Kuppel gebaut werden sollte. Dennoch stimmten die Auftraggeber der Stadt dem Entwurf zu – Hauptsache, der Dom war nicht gotisch, also nicht im Stil derer gebaut, die Florenz als Feinde betrachtete, also die Mailänder, die Deutschen, die Franzosen. Das, so Udo Peil, könnte der politische Hintergrund für diesen absurden Beschluss gewesen sein. Und dann geschah etwas, was man auch in heutiger Zeit immer wieder beobachten kann: Ein einmal gefällter Beschluss wird – so realitätsfern er auch sein mag – rigoros durchgezogen; man sucht so lange, bis man einen findet, der das Ganze umsetzt, ganz egal, wie hochriskant es auch sein mag.

Auch in Florenz fand man 1418 jemanden. Er hieß Filippo Brunelleschi, war Goldschmied und gerade mal 24 Jahre alt. Nur: Dieser Jüngling war kein karrieregeiler Hasardeur, sondern – zum Glück der Stadt – eine Ausnahmebegabung. Und das musste er auch sein. Denn seine Auftraggeber forderten von ihm eine minutiöse Umsetzung der 1367 beschlossenen Neri-Pläne. Und die sahen nun mal vor, dass sich die Kuppel 88 Meter hoch über dem Kirchenboden wölben sollte – doch alle bis dahin bekannten Kuppelgebäude, wie zum Beispiel das Baptisterium in Florenz, waren nur halb so hoch. Und genau dies bot einen entscheidenden Vorteil: Beim Bau wuchs in ihrem Inneren ein Lehrgerüst mit in die Höhe, auf das man dann ganz oben die Kuppel draufsetzte. Baute man das Gerüst ab, hielt das Gewölbe in sich – dieses Prinzip hatten ja schon die alten Römer beim Bogenbau angewendet. Doch in Florenz funktionierte das nicht: Um das Gerüst für eine solch gigantische Kuppel herzustellen, hätte man 700 Mammutbaumstämme gebraucht – nur: Amerika, wo die Dinger wuchsen, war ärgerlicherweise noch 70 Jahre lang unentdeckt. Was also tun? Ein findiger Zeitgenosse schlug vor, den Innenraum der Kirche bis oben hin mit Sand aufzufüllen, um dann die Kuppel drauf zu setzen. Auch wie man den Sand wieder aus der Kirche hinausbefördern konnte, wusste der Mann: Er wollte Silbermünzen darunter mischen und so die ärmeren Bürger von Florenz dazu motivieren, sich eimerweise Sand aus dem Kircheninneren herauszuholen.

Diese Lösung überzeugte Brunelleschi nicht wirklich, ihm blieb damit nur eine Möglichkeit: Er musste die Bautechnik revolutionieren und eine Konstruktion erfinden, die sich in jeder Phase des Baus selbst trug. Jeder, der einmal versucht hat, zwei Bauklötzchentürme oben zusammenwachsen zu lassen, ahnt, worauf sich der 24-Jährige da einließ. Aber er knackte das Problem mit Bravour – auch dank der Möglichkeiten, die der Ziegelbau selbst bot: Brunelleschi verlegte die Backsteine in Fischgrät-Technik. Dabei werden abwechselnd senkrechte und waagrechte Ziegelsteinlagen gemauert, die sich so ineinander verkeilen, dass sie nicht durch ihr Eigengewicht abrutschen können, wenn sich die Wände immer stärker nach innen zur Kuppelform neigen.

Als das Gewölbe schließlich geschlossen war, konnte Brunelleschi aufatmen. Denn nun wirkten enorme stabilisierende Kräfte, die man sehr anschaulich an einem Bild erklären kann, das so gar nicht zur filigranen

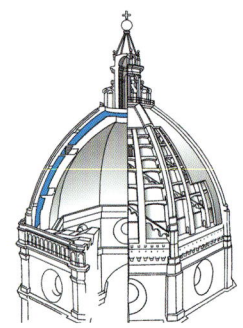

Geniale Konstruktion
Von den 24 senkrechten Streben zeigen sich acht als weiße Rippen auch außen. Zur Stabilisierung des Kuppelgebildes dienen zudem Ringanker aus Holz, Stein und Eisen. Beim Aufmauern der Kuppelschalen ließ Brunelleschi die Steine nach innen geneigt versetzen und verwendete zwischen der inneren und äußeren Kuppelschale waagrechte und senkrechte Verstrebungen. *(Oben)*

Fresko der Kuppel
Der Renaissancemaler Georgio Vasari begann 1572 mit der Ausgestaltung der Kuppel von Santa Maria del Fiore. *(Unten)*

Brunelleschi überzeugt mit einem Hühnerei
Der Architekt demonstriert der Dombaubehörde in Florenz mit einem Ei die Tragfähigkeit seiner Kuppelkonstruktion. Gemälde von Giuseppe Fattori von 1878. *(Rechts)*

Kräftespiel
Das Gedränge eines Rugby-Spiels verdeutlicht die Kräfte, die bei einer Kuppel wirken. In den Armen sind horizontale Druckkräfte am Werk, die über die Reibung zwischen Fuß und Boden in den Erdboden übertragen und abgeleitet werden. *(Links)*

Würde des Doms Santa Maria del Fiore passen will: dem rohen Gedränge in einem Rugbyspiel.

Obwohl sich die Spieler beider Teams mit ihren mächtigen Oberkörpern ineinanderverkeilt haben und jeder einzelne von ihnen schiebt und drückt wie ein Bulldozer, bewegt sich – wenn beide Teams gleich stark sind – gar nichts. Vor allem befürchtet wohl niemand, dass der stöhnende und schwitzende Haufen in der Mitte in sich zusammenfallen könnte. Stattdessen lässt sich ganz gut vorstellen, dass man ohne Weiteres auf diesen Pulk per Kran noch einen Kleinwagen draufsetzen könnte – und die Spieler das möglicherweise überhaupt nicht registrieren würden. Auch Brunelleschi packte auf das bullenstarke System seiner Kuppel noch etwas drauf: 500 Tonnen Marmor – die berühmte »Laterne«, die dem Florentiner Wahrzeichen bis heute sein unverwechselbares Aussehen gibt (siehe Abbildung Seite 99).

Ganz nebenbei: Der Bau der Kuppel erforderte einige ungewöhnliche Maßnahmen. Da aufgrund der großen Höhe ihres Arbeitsplatzes – und der damit verbundenen weiten Wege – die Arbeiter den ganzen Tag auf dem Gerüst bleiben mussten, ließ Brunelleschi dort oben eigene Garküchen und Toiletten einrichten.

Außerdem wird ihm nachgesagt, dass er jeden einzelnen Ziegelstein eigenhändig einer Klopfprobe unterzogen habe.

INFOELEMENT ZIEGEL

Backsteingotik

Entlang der Nord- und Ostsee entfaltete sich der Ziegelbau und damit die Ziegelindustrie ab der Mitte des 12. Jahrhunderts. Die küstennahen Gebiete waren reich an Ton und besaßen – außer dem schwer zu bearbeitenden Granit – keine nennenswerten Natursteinvorkommen. Die Mönche des Zisterzienser- und Prämonstratenserordens, die das Christentum bis in die slawischen Gebiete im Norden und Nordosten verbreiteten, hatten die Technik der Ziegelherstellung aus dem romanischen Raum

mitgebracht. Die Voraussetzung für den Bauboom in den Hansestädten schuf der Wirtschaftsbund der Hanse.

Inspiriert von der Architektur der gotischen Kathedrale in Nordfrankreich entstand mit der Marienkirche in Lübeck und ihren Nachfolgebauten in den übrigen Hansestädten entlang der Ostsee bis nach Riga eine Gruppe von großartigen Backsteinkirchen. Diese Blütezeit der Baukunst wird als „Backsteingotik" bezeichnet. Zu den ersten Städten Nordeuropas, wo Ziegel für andere Bauwerke als für Kirchen benutzt wurde, gehörten die Hansehäfen Norddeutschlands und des Baltikums. In diesen Städten ersetzte der praktisch feuerfeste Ziegel auch bald die – wegen ihrer Brandgefahr verbotenen – Strohdächer mit hölzernen Stützbalken. Rathäuser, Hospitäler, Bürgerhäuser und Stadttore wie das Holstentor in Lübeck wurden nun in Backstein errichtet. Mit dem Hochmeisterpalast der Marienburg, der Hauptburg des Deutschen Ordens, entstand einer der frühesten Schlossbauten Europas in Backsteinarchitektur. Bei Backsteinbauten stand zunächst die Klarheit und Flächigkeit der Architektur im Vordergrund; durch den – teilweise virtuosen – Einsatz von verschiedenfarbig glasierten Backsteinen, bauplastischer Mauerung sowie Formziegeln und Terrakotten als Friese, Gesimse, Reliefplatten oder in Schmuckformen ließen sich die Oberflächen jedoch reizvoll beleben. Die wachsende Schmuckfreudigkeit entsprach dem Repräsentationsbedürfnis der wohlhabenden Kaufleute, so dass die Backsteinarchitektur im 15. und frühen 16. Jahrhundert ihren Höhepunkt erreichte.

Künstliche Steine Ziegel waren früher meist ein günstiges Baumaterial. Heute hingegen ist die traditionelle Art, mit Ziegeln zu mauern, teuer geworden. Alte Bauernhäuser aus Ziegelmauerwerk stehen wieder hoch im Kurs. (*Linke Seite links*)

Vorbild für die Backsteingotik Die Marienkirche in Lübeck wurde 1251 begonnen, treibende Kraft war der Lübecker Rat. Erstmals wurde hier die gotische Kathedralbauweise mit außen liegendem Strebewerk in Backstein ausgeführt. (*Linke Seite rechts*)

Farbiger Innenraum Mit knapp 40 Metern hat die Marienkirche das höchste Backsteingewölbe der Welt. (*Oben*)

BAUSTOFF 4
BETON

»Ab wann wurde eigentlich mit Beton gebaut?«, fragt Professor Wünsche gerne – und bekommt dann sehr oft zu hören: seit etwa hundert Jahren, vielleicht auch hundertfünfzig … Falsch! Dass Beton ein moderner Baustoff sei, ist ein weit verbreiteter Irrtum. Denn bereits die alten Römer bauten mit Beton oder »Opus caementium«, wie er damals hieß. Sie merken schon: Das Wort »Zement« hat hier seine Wurzel.
Bereits vor zweitausend Jahren hatte man entdeckt, dass eine Mischung aus Sand, gebranntem Kalk und Wasser beim Austrocknen eine knochen-

Ein Tempel für alle Götter

… ist das Pantheon in Rom. Hinter dem obersten Ring des zylindrischen Baukörpers verbirgt sich der Kuppelansatz.

Opus caementitium
Der römische Beton der gegossenen Kuppelschale des Pantheon hält nun schon seit 2000 Jahren. (*Links*)

Das »Opeion« des Pantheon
Dort, wo die Kräfte am größten sind, am Scheitel der Kuppel, wurde ein Loch ausgespart. Um die Öffnung der Kuppeldecke, griechisch »opeion«, liegt ein Druckring. (*Rechts*)

harte Masse bildet. Ein weltberühmtes Bauwerk, an dem die Römer dieses Prinzip genial umgesetzt haben, ist das Pantheon in Rom, ein Tempel, den Kaiser Hadrian um das Jahr 120 nach Christus errichten ließ.

Für den Umstand, dass das Pantheon das am besten erhaltene antike Gebäude der Welt ist, wird es von den großen Touristenströmen eher wenig berührt, »die meisten gehen ins Kolosseum, weil man da so schaurige Geschichten von hungrigen Löwen und christlichen Jungfrauen erzählt bekommt«, meint Raimund Wünsche. Also: Der Romkenner nimmt den Bus 116 bis zur Piazza Rotonda und geht ins Pantheon.

Himmelsnadel
Unten breit, oben schmal: Ein riesiges Fundament aus Beton und Stahl und ein breit gelagerter Sockel stützen den 828 Meter hohen Burdsch Chalifa, der 2010 in Dubai eingeweiht wurde.

Die erste Besonderheit: Der Tempel war so gestaltet, dass man eine Kugel mit einem Durchmesser von 43,30 Meter in das Innere legen könnte. Die zweite Besonderheit wurde ja schon angesprochen: Hinter der Kassettendecke verbergen sich mehrere Betonringe, die sich nach oben verjüngen und so die Kuppel bilden. Die Ringe wurden von den Römern gegossen, und die obersten wurden, um sie leichter zu machen, mit porösem Bimsstein versetzt. Das heißt: Die Römer waren in der Bautechnik gar nicht so weit von uns entfernt ... Doch dann geschah das Unglaubliche: Dass mit dem Zusammenbruch des Römischen Reiches auch dieses Knowhow einfach verloren ging. Rund tausend Jahre lang nutzte man nur noch bröseligen Mörtel, und den auch nur noch zum Verfugen. Erst im Jahr 1755 wurde der Beton wiederentdeckt, als John Smeaton einen Leuchtturm mit Betonfundament mitten in das aufgewühlte Meer vor Englands Südküste stellte.

Einen regelrechten Quantensprung erlebte das Material dann durch einen gartenbegeisterten Franzosen, den es maßlos ärgerte, dass seine Terrakottatöpfe immer so schnell kaputtgingen. Als er die Blumenkübel aus Beton goss, war das auch erst die halbe Miete, weil die Wurzeln der Pflanzen sich ziemlich schnell nach außen durch die Betonhülle bohrten. Der Franzose nahm den Fehdehandschuh erneut auf und verstärkte den Beton mit einem Netz aus Stahlstangen – und hatte von nun an seine Ruhe. Joseph Monier, so hieß der Mann, begriff sofort das Potenzial dessen, was er da entdeckt hatte, und meldete den haltbaren Supermix aus Stahl und Beton 1867 als Patent an – der Stahlbeton war erfunden.

Wen der Name Monier an etwas erinnern sollte: Der Begriff »Moniereisen« wird auch heute noch gebraucht, gemeint sind damit lange geriffelte Stahlstangen, die in den Beton gelegt werden, aber leider auch immer mal wieder in Schlägereien eine unrühmliche Rolle spielen.

Erst mit dem Stahlbeton (und mit dem Aufzug, siehe auch Seite 78f.) wurde es möglich, Häuser immer noch höher nach oben zu ziehen. Ab Ende des 19. Jahrhunderts begannen die Rekorde nur so zu purzeln, der jüngste stammt aus dem Jahr 2010: Der Burdsch Chalifa in Dubai ist mit 828 Metern das höchste Gebäude der Welt. In diesen Dimensionen werden Architekten mit völlig neuen Problemen konfrontiert, die man sich als Laie kaum vorstellen kann, etwa: Wie kriegt man den Beton so schnell in so große Höhen, ohne dass er unterwegs durch die heiße Wüstensonne eintrocknet? In Dubai mussten deshalb eigens superschnelle und besonders leistungsstarke Pumpensysteme entwickelt werden, außerdem wurde nur nachts gepumpt.

Ein anderes Problem, das es zu lösen galt: Wie lässt sich verhindern, dass die Bewohner der obersten Etagen seekrank werden? Nur scheinbar eine kuriose Frage. Denn auf der arabischen Halbinsel weht oft der »Shamal«, ein starker Wüstenwind, der sich schon mal zu einem handfesten Sturm auswachsen kann. Und wenn dann so ein Hochhaus in seiner Zugroute steht, passiert dasselbe wie im Segel einer Yacht: Der Wind verfängt sich und drückt. Nur: Das Boot gibt dem Winddruck im Segel nach und beginnt sich zu bewegen, von einer Immobilie erwartet man allerdings mit Fug und Recht, dass sie dies gerade nicht tut – gut nachvollziehbar, dass in diesem Fall gewaltige Kräfte auf das Gebäude wirken. Eine Faustregel besagt, dass Wolkenkratzer dabei um ein Fünfhundertstel ihrer Höhe schwanken, beim Burdsch Chalifa mit seinen 828 Metern wären das also rund 1,6 Meter – genug, um ganz oben magenschwach zu werden. Doch Hochhäuser haben da eine eingebaute Verzögerung, die vor allem bei Erdbeben eine zentrale Rolle spielt: Riesige Stahlkugeln zum Beispiel im oberen Teil des taiwanesischen »Taipeh 101« (Höhe: 508 m) sollen verhindern, dass das Gebäude zu stark ins Schwingen kommt – durch ihr hohes Gewicht und ihre Trägheit dämpfen sie die zerstörerischen Rüttelbewegungen ab.

Wind- und Erdbebensicherheit sind Faktoren, die die Architekten solcher Türme sicher im Griff zu haben glauben – in dieser Hinsicht und in Bezug auf die Statik könnten Wolkenkratzer noch viel höher werden: Über einen Kilometer Höhe sei kein größeres Problem, meinen Experten.

Der Burdsch Chalifa mit seinen 189 Stockwerken steht zum Beispiel auf zweihundert riesigen Betonpfeilern, die wiederum eine gewaltige Fundamentplatte tragen. Den einen machen solche Dimensionen ehrfürchtig, andere dagegen sind der Ansicht: Vom Grundprinzip ist das auch nicht viel anders als die Fundamentkonstruktionen von Venedig oder Amsterdam – Ansichtssache.

Schwingungstilgender Koloss
Im Wolkenkratzer Taipeh 101 dämpft eine 660 Tonnen schwere Stahlkugel die Schwingungen des Hochhauses. *(Links)*

101 Stockwerke
Das jadegrüne Hochhaus des taiwanesischen Financial Centers, genannt Taipeh 101, darf sich mit seinen 508 Metern derzeit das höchste »Bürohochhaus« nennen. Es sieht aus wie ein riesiger Bambus. *(Rechts)*

BAUSTOFF 5
GUSSEISEN/STAHL

Die Bauleute, die im 1. Jahrhundert nach Christus Bergwasser nach Nîmes und im Jahr 1773 Eisenerz von Coalbrookdale in Englands Süden transportieren wollten, standen vor demselben Problem: Eine Schlucht zu überwinden, die ein großer Fluss in die Landschaft geschnitten hatte. Beide kamen – obwohl rund 1700 Jahre dazwischenliegen – zu ähnlichen technischen Lösungen: Man musste oben drüber! Ein weiterer vergleichbarer Punkt: Beide Brücken sind in die Architekturgeschichte eingegangen. Aber: Steht man zum ersten Mal vor dem Pont du Gard in Südfrankreich, ist man überwältigt von der Erkenntnis, wie weit die römische Bautechnik seinerzeit schon war. Steht man jedoch zwischen Shrewsbury und Coalbrookdale am Severn und blickt auf die Ironbridge, ist man erst einmal ernüchtert: Was? Dieses kleine Brückchen soll weltberühmt sein?

Die erste Eisenbrücke
1779 aus Gusseisenteilen montiert, revolutionierte die Ironbridge in Coalbrookdale das Bauen und war Wegbereiter für die Architektur des 19. Jahrhunderts.

Ja! Denn sie ist die erste Gesamtmetallbrücke der Welt. Doch zurück ins Jahr 1773: Wer das Gemälde *Coalbrookdale bei Nacht* von Philipp Jakob Loutherbourg betrachtet, denkt zunächst an die Hölle: Eine düstere Häusersilhouette wird überlagert vom grellen Schein eines Fegefeuers. Doch das Feuer ist der Tag und Nacht arbeitende Hochofen, der das kohlereiche Städtchen zur Wiege der industriellen Revolution machte. Der Besitzer der Eisengießerei, Abraham Darby III, hatte jahrelang expandiert und drängte nun darauf, dass die Verkehrswege der gestiegenen Produktivität seines Unternehmens angepasst wurden: Eine Brücke sollte über den Severn geschlagen werden, hoch genug, dass die Masten der Segelschiffe – die ja auch seine Produkte transportierten – nicht hängen blieben. Unter den Vorschlägen waren konventionelle Entwürfe aus Holz, Ziegel oder Stein – nur ein Entwurf fiel aus der Rolle: Thomas Pritchard schlug vor, die gesamte Brücke aus Gusseisen zu bauen. Als dieses Konzept sich durchsetzte, erhielt natürlich der Auftraggeber, der ortsansässige Hochofenbesitzer Darby III, den Auftrag für die Materiallieferung. Diese neue Konstruktions- und Fertigungsart war nicht nur eine noch nie da gewesene technische Innovation, sie war auch für einen waschechten englischen Kapitalisten gleich in mehrfacher Hinsicht äußerst interessant. Zunächst sparte man sich teure Fachkräfte wie zum Beispiel die

Eisenindustrie
Im Tal des Severn in Mittelengland begann mit der gezielten Verhüttung von Eisen auf der Grundlage der zu Koks umgewandelten Kohle die industrielle Revolution. Gemälde von Philipp Jakob Loutherbourg dem Jüngeren, *Coalbrookdale bei Nacht* aus dem Jahr 1801.

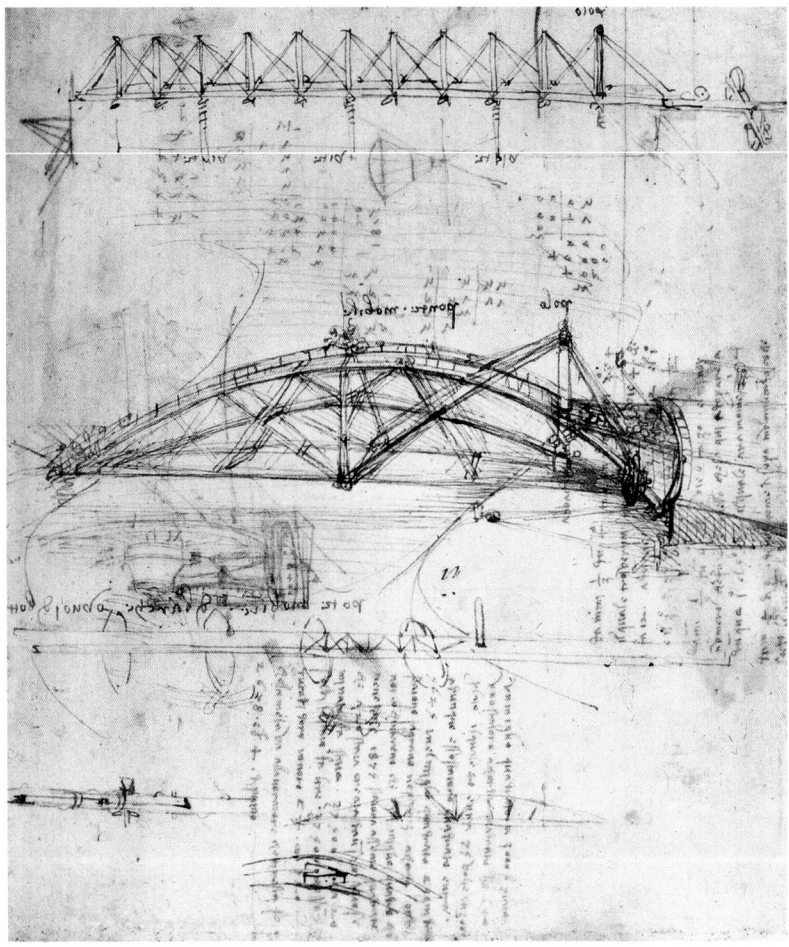

Geniale Idee
Drei Entwürfe für mobile Brücken zeichnete Leonardo da Vinci. Federzeichnung aus dem *Codex Atlanticus*, um 1490.

Zimmerleute, die auf der Baustelle erst einmal aufwändig das Holz bearbeiteten, indem sie die benötigten Holzteile heraussägten oder -frästen. Darby dagegen entwickelte ein praktisches Baukastensystem mit nur wenigen Grundbauelementen. Diese Elemente wurden lediglich ein einziges Mal von Zimmerleuten hergestellt, als Muster, aus dem dann eine Gussform hergestellt wurde – ab jetzt konnten ungelernte Arbeitskräfte die Teile am Fließband gießen.

Das heißt: Von teurem und zeitraubendem Handwerk unabhängig, konnte man nun billig und schnell Einzelteile produzieren, sie mit der Eisenbahn direkt an die Baustelle transportieren, wo sie wiederum von billigen

Arbeitskräften nach Plan zu Häusern oder Brücken zusammengebaut wurden – eine Art Frühform von IKEA ... Das war die technische Revolution, die Gebäude wie später beispielsweise auch den Kristallpalast (siehe Seite 76 f.) erst möglich machten.

Allerdings: Das Material hatte seine Grenzen. Zwar ließ sich Gusseisen rasch herstellen, zudem ist es auch ein extrem harter und haltbarer Baustoff, nur leider ist es nicht elastisch. Das hatte Konsequenzen, etwa auf die Bauhöhe von Gebäuden. Wie der Burdsch Chalifa ja eindrucksvoll gezeigt hat, schwanken hohe Häuser nicht unerheblich – dieses Hin und Her kann aber das spröde Gusseisen nicht wegstecken, es würde brechen. Deshalb kam der entscheidende Durchbruch erst mit der Entwicklung des wesentlich elastischeren Walzstahls, eines Stoffes, aus dem ein Produkt hergestellt wurde, das bis heute ein Weltbestseller ist: der Doppel-T-Träger.

In einer Form kennt ihn jedes Kind: Als waagrecht montierte Schiene. Mit dem auf Holzschwellen montierten T-Trägerpaar wurde ab 1863 die

Gusseisen und Stahl

Grundstoff für Gusseisen und Stahl ist das weltweit in der Natur vorkommende Eisenerz, dem allerdings nicht eisenhaltiges Gestein beigemengt ist. Um verwendbares Eisen zu erhalten, muss zunächst das Eisen (lateinisch „ferrum") vom anderen Gestein getrennt werden. Chemisch gesehen handelt es sich bei diesem in der Hauptsache um eine Eisen-Sauerstoff-Verbindung, Eisenoxid genannt. Doch erst, wenn der Sauerstoff aus dem Eisenentfernt wird, erhält man das Ausgangsprodukt für Gusseisen und Stahl, das Roheisen. Dies vollzieht sich im Verhüttungsprozess. Dazu nutzt man die Eigenschaften eines weiteren Gesteins, der Kohle. Kohle verbindet sich unter Hitze, die sie selbst entwickelt, mit dem Sauerstoff im Eisen und spaltet ihn vom Eisen ab. Das Ergebnis ist flüssiges Roheisen, das nun als Gusseisen verwendet werden kann. Gusseisen enthält mehr als zwei Prozent Kohlenstoff. Will man Rohstahl herstellen, muss der Kohlenstoffanteil unter zwei Prozent gedrückt werden, was in einem weiteren Stahlkochverfahren erreicht wird.

rund 3000 Kilometer lange Eisenbahnstrecke begonnen, die den Osten Amerikas mit dem noch wilden Westen verbinden sollte. Und irgendwann merkte dann beim Verlegen jemand, dass man mit diesem Modul auch hervorragend nach oben bauen konnte. So war der Doppel-T-Träger die entscheidende Erfindung, die Amerika sowohl in die Breite als auch in die Höhe wachsen ließ …

Das A & O: Die Konstruktion

Ganz egal ob Stein, Holz, Ziegel, Beton oder Stahl: Entscheidend ist, was man mit dem Material anstellt, dass man es richtig einsetzt und man dessen Grenzen kennt. Und das war oft ein schmerzhafter Prozess von »trial and error«, also ausprobieren und aus den Irrtümern lernen. Wie viele Kuppeldächer, Brücken, Häuser und Hallen mussten in der Geschichte der Architektur wohl einstürzen, bis man begriff, wo der Denk-, Rechen- oder Konstruktionsfehler lag?
Die Konstruktion von neuen Gebäudetypen war stets ein Abenteuer mit völlig ungewissem Ausgang. So hatte der Architekt, der 1247 im Auftrag des Bischofs Guillaume de Grez den Chor der Kathedrale von Beauvais

Nachgebaut
Im Museo Ideale in Vinci, dem Geburtsort Leonardos, wurde die Schnellbaubrücke nach den Zeichnungen des Renaissance-Künstlers realisiert.

Geniale Idee
Die Basis: Eine Brücke aus 6 Hölzern.

noch ein paar Meter höher machen sollte, einfach Pech, während fünfhundert Jahre später der Architekt der Dresdener Frauenkirche, George Bähr, einfach Glück hatte: Keiner der beiden Baumeister konnte im Vorhinein sicher sein, dass sein Konstrukt noch innerhalb der Machbarkeitsgrenze liegen und halten würde – das von Beauvais (siehe auch Seite 46f.) tat es nicht. Und die Frauenkirche mit ihrer kühnen Kuppelkonstruktion würde heute noch im Originalzustand stehen, wäre sie nicht bei dem fürchterlichen Luftangriff im Februar 1945 völlig zerstört worden. Möglicherweise sind kühne Konstruktionen für den Architekten ja auch so etwas wie ein Kick, eine Droge. Sie selbst können diesen Kitzel am eigenen Leib erleben, wenn Sie sich einmal in die faszinierende Welt des Konstruierens hineinbegeben, zum Beispiel mit der »Leonardobrücke«. Das ist ein System aus einigen gleich langen Hölzern, mit denen man einen Fluss oder anderes überspannen muss. Dumm ist nur, dass jedes einzelne Holz deutlich kürzer als der Fluss breit ist. Und trotzdem ist das zu machen – mit einem Prinzip, das das Universalgenie Leonardo da Vinci Ende des 15. Jahrhunderts entwickelt hat und das jedem tiefsten Respekt abnötigt: Sechs Bretter lassen sich ohne Nägel, Schrauben oder Seile zu einer Bogenbrücke verbinden, die sich selber trägt – nur durch geschicktes Ineinanderflechten beziehungsweise Verkeilen der Hölzer.[4]

Wiederaufbau
Die barocke Frauenkirche in Dresden von George Bähr (erbaut 1726–1743) wurde unter Verwendung der aus den Trümmern geretteten Steine zwischen 1994 und 2005 wiederaufgebaut.

DIE DREI PROTAGO

Die zigmilliarden Menschen, die im Laufe der Geschichte an der Errichtung von zigmillionen Gebäuden beteiligt waren, lassen sich in drei Gruppen einteilen: den Bauherrn (der das Ganze bezahlt), den Architekten (der das Gebäude plant und verwirklicht) und den Nutzer (der dann zum Beispiel darin wohnt). Der Idealfall ist, wenn ein Architekt sein eigenes Haus plant, finanziert und bewohnt: Dann fallen alle drei Rollen

NISTEN
DER ARCHITEKTUR

zusammen und es herrscht eitel Sonnenschein! Leider ist das die Ausnahme. Sehr viel häufiger in der Praxis ist das Aufeinandertreffen von architektonischer Kreativität und bauherrlicher Pfennigfuchserei – und dann kann es schon mal richtig krachen. Die Geschichte der Architektur ist voll von solchen Gewittern, die spannende Einblicke in Architektur vermitteln – einige der schönsten finden Sie auf den folgenden Seiten.

DER ARCHITEKT

Haus eines Architekten
1911 begann der Architekt Frank Lloyd Wright sein Wohn- und Atelierhaus »Taliesin«. Es liegt 300 Kilometer von Chicago entfernt und war 48 Jahre lang sein Arbeits- und Lebensmittelpunkt. Das Gebäude gilt als Labor für seine Suche nach einer »organischen«, das heißt aus der Natur hergeleiteten Architektur.

Architekten erkennt man an zwei kollektiven Vorlieben: die für schwarze Klamotten und schwedische Saab-Cabrios – so das gängige Klischee. Allerdings: Andreas Hild mit seinem Faible für dunkelblaue Anzüge und hellblaue Hemden fällt hier schon mal raus. Aber dann sind Architekten doch zumindest Spitzenverdiener, oder? Auch hier muss man zunächst wissen, auf wen man blickt: auf den angestellten Architekten, der Garagen baut, oder den Chef eines weltweit operierenden Architekturbüros, das Projekte wie beispielsweise den Burdsch Chalifa hochzieht. Ganz willkürlich ist das Honorar aber so oder so nicht, denn in Deutschland beispielsweise gibt es die Honorarordnung für Architekten und Ingenieure (HOAI), der immerhin der Bundesrat zugestimmt hat. Darin gibt es fünf Honorarzonen, von »sehr geringen Planungsanforderungen« bis zu

Abbildung Seite 116–117: Die Reihenhäuser von J.J. Pieter Oud in der Weißenhofsiedlung in Stuttgart entstanden 1927 im Rahmen der Bauausstellung »Die Wohnung«. Das großzügige Wohn-Esszimmer wies mit einem breiten Fensterband nach Süden. Um die zentrale Küche lagen eine Waschküche und ein Bügelraum. Ein handbetriebener Aufzug transportierte die frische Wäsche ins Obergeschoss.

Harmonie mit der Natur
Das Haus Fallingwater von 1936 zeigt, wie sich Frank Lloyd Wright von der Umgebung inspirieren ließ und die gestalterischen Möglichkeiten des Betons nutzte. Im Innern herrschen Stein und andere natürliche Materialien vor.
(Rechts und Links)

»sehr hohen Planungsanforderungen« – was das in Cent und Euro bedeutet, kann jeder unter www.hoai.de selbst nachlesen.

Der Architekt ist so etwas wie das Herz eines Bauprojekts: Hat er Aussetzer, überträgt sich das auf alle. Was man also beim Bauen braucht, ist – neben Geld – ein gutes Herz. Was Andreas Hild zum Beispiel alles gebaut und für welche Projekte er sich beworben hat, darüber gibt seine Internetseite http://www.hildundk.de Aufschluss.

Wer sind nun in der Architekturgeschichte die wichtigsten Architekten? Die Antwort auf diese Frage fällt naturgegeben persönlich aus – für Raimund Wünsche sind das zwei Männer aus Renaissance und Barock, Andrea Palladio und Balthasar Neumann, für Andreas Hild sind es die modernen Architekten Frank Lloyd Wright, Le Corbusier und Mies van der Rohe.

Der Erfinder von »Schöner Wohnen«: Andrea Palladio

Wurde er nun am 8. November oder am 30. November 1508 in Padua geboren? Man weiß es nicht genau – über Andrea Palladio gibt es nur wenige verlässliche biografische Fakten – was umso mehr erstaunt, als es sich bei diesem Mann um einen der einflussreichsten Architekten überhaupt handelt. So titelte zum Beispiel 2008 das Feuilleton der *Badischen Zeitung* zu seinem 500. Geburtstag: »Er erfand das Weiße Haus.«[1]

Anleihen bei Palladio
Der irische Architekt James Hoban entwarf das »Weiße Haus« als Amts- und Wohnsitz des amerikanischen Präsidenden. Es wurde 1792–1800 errichtet. Aquatinta von William Strickland, 1814.

Wie bitte? Zwischen Renaissance und US-Präsident – liegen da nicht ein paar Jahrhunderte dazwischen? Die Geschichte dahinter: Als 1792 in Washington ein Architekturwettbewerb für den künftigen Präsidentensitz ausgeschrieben wurde, beteiligte sich ein späterer Amtsinhaber anonym. Der Palladio-begeisterte Thomas Jefferson kopierte einfach die Pläne von dessen berühmtestem Gebäude, der Villa Rotonda bei Vicenza (siehe auch Seite 123), und reichte sie ein. Dieser Plan setzte sich

Reizvolles Spiel von Licht und Schatten
Palladios Fassade des Palazzo della Ragione, verwendet das Palladio-Motiv. *(Oben)*

Fassade aus Bögen und Geraden
Palladio gewann 1548 den Architektenwettbewerb zum Umbau des mittelalterlichen Rathauses von Vicenza (»Palazzo della Ragione«), dem er eine doppelstöckige Galeriefassade vorlagerte. *(Rechts)*

Palladio-Motiv
Durch Andrea Palladio schrieb diese Anordnung von Mittelbogen und beidseitigen schmalen Rechteck-Öffnungen, auch »Venezianisches Fenster« genannt, Architekturgeschichte.

leider nicht durch, Gewinner war: Palladio. Denn auch der Entwurf des siegreichen Konkurrenten James Hoban nahm deutliche Anleihen bei dem Renaissance-Star. Palladio gilt als einer der am meisten imitierten Architekten; es gibt Kunstexperten, die sogar den Kühlergrill des Rolls Royce für Palladio-inspiriert halten. Er war »die wichtigste Figur in der Geschichte westlicher Architektur« – so euphorisch urteilt die sonst eher zurückhaltende Royal Academy of Arts in London.[2] Palladios Markenzeichen ist das »venezianische Fenster«, ein Architekturmotiv, das alle Welt »Palladio-Motiv« nennt. Es besteht aus einem Mittelbogen, der beidseitig von schmalen Rechteck-Öffnungen flankiert wird. Neu war das nicht –

Andrea Palladio

Als Sohn eines Müllers 1508 in Padua geboren, lernte Andrea Palladio zunächst Bildhauer und Steinmetz. Danach bildete er sich in der oberitalienischen Stadt Vicenza zum Baumeister weiter. Der Architekt von Landhäusern, Palästen, Kirchen und Brücken ging äußerst schöpferisch mit dem Formenrepertoire der Antike um. Mit dem »Teatro Olimpico« entwarf er kurz vor seinem Tod den ersten nachantiken Theaterbau. Gestorben ist er am 19. August 1580 in Vicenza.

Il Redentore
Die Prozessionskirche (1577–1592) ist ein Spätwerk Palladios: Aus der Ferne erkennt man drei Tempelgiebel. *(Links)*

Triumphale Wirkung
Palladios letzter Kirchenbau verbindet zwei eigentlich konkurrierende Bautypen, die der basilikalen Kreuzform und des antiken Zentralbaus. Der Innenraum von Il Redentore nimmt römische Thermenarchitektur zum Vorbild. *(Rechts)*

im Gegenteil: Das Bauprinzip findet sich bereits an Triumphbögen und anderen Bauwerken der römischen Antike, und taucht dann in Architekturbüchern der Renaissance wieder auf. Palladio griff das Motiv auf und baute es in die Fassade des Palazzo della Ragione in Vicenza ein – von dort ausgehend wurde es immer wieder kopiert und entwickelte sich schließlich zu einem europäischen Retrohit.

In Wallung brachte die Menschen eine andere Spezialität Palladios: seine Villen, allen voran die Villa Rotonda am Stadtrand von Vicenza. Interessant ist, dass ihr Architekt hier als Trendscout fungierte, der zwei Zeitströmungen aufgriff und so die Villenarchitektur revolutionierte. Der Hintergrund: Nachdem Konstantinopel 1453 von den Osmanen eingenommen worden war, waren die klassischen Landhandelsrouten in den Orient und nach Indien abgeschnitten. Man suchte und fand einen Seeweg nach Indien – mit dem Nebeneffekt, dass der Handel nun nicht mehr über die italienischen Mittelmeerhäfen, sondern über die Atlantikhäfen Hollands oder Frankreichs lief. Nachdem der Seehandel so jäh unterbrochen war, richteten die italienischen Kaufleute und Händler zwangsläufig ihren Blick verstärkt auf die heimische Landwirtschaft. Palladio setzte voll auf diesen Trend auf und modernisierte reihenweise landwirtschaftliche Güter. Und das ganz im Stil der gerade angesagten Renaissance,

Der Erfinder von »Schöner Wohnen«: Andrea Palladio   « **123**

Anspielung an die Antike
Der Kreis galt als die edelste und vollkommenste architektonische Form. Im Kuppelsaal der Villa Rotonda wird die antike »Rotunde« des Pantheons wieder aufgegriffen. *(Links)*

La Rotonda
Die auf einem Hügel liegende Villa Rotonda (1566–1570/1580) öffnet sich nach allen vier Seiten zur Landschaft. Die Hinwendung zur Natur ist für Palladios Villenarchitektur charakteristisch. Sie steht in Gegensatz zu den geschlossenen städtischen Wohnpalästen der frühen Renaissance. *(Rechts)*

die ihre Bauideen aus der Antike bezog. So gestaltete er zum Beispiel die berühmte Villa Rotonda, die er für einen hohen Kirchenmann baute, mit einer zentralen Rotunde in Anspielung an das Pantheon in Rom. Vor den Baukörper setzte er gleich viermal – in Erinnerung an einen antiken Tempel – einen klassischen Portikus, einen Eingang mit jeweils sechs ionischen Säulen. Die Villa mit ihren vier »Tempeltoren« in jeder Himmelsrichtung war für die damalige Zeit der ultimative Megakick in Sachen Architektur. Vor allem in England wurden die Menschen in den folgenden Jahrzehnten vom sogenannten »Palladianismus« geradezu befallen. Wer etwas auf sich hielt und in dieser Zeit baute, tat dies wie der Mann aus Italien: »Der Beginn von ›Schöner Wohnen‹«, urteilt Raimund Wünsche. Von England aus trat der Trend dann seine Reise nach Amerika an – mit den bereits oben geschilderten Folgen.

Es wäre allerdings nicht ganz fair, Palladio allein auf seine schicken Lifestyle-Villen zu reduzieren, dafür sind seine anderen Projekte viel zu schön. So entstanden nach seinen Plänen zum Beispiel ab 1550 einige Gebäude in Venedig, darunter zwei Kirchen, die aus der Skyline der Lagunenstadt nicht mehr wegzudenken sind: San Giorgio Maggiore auf der gleichnamigen Insel direkt gegenüber dem Markusplatz und Il Redentore (»Der Erlöser«) auf der Nachbarinsel Giudecca.

Festungsbauer mit Sinn fürs Filigrane: Balthasar Neumann

Würzburg, den 16. März 1945. Schicksalstag der Stadt. Um 21.25 Uhr klinken britische Bomber die ersten Sprengbomben und Luftminen aus, die die Dächer und Fenster der barocken Altstadt zerstören. Die nächsten zwei Bomberwellen werfen dann 300 000 Stabbrandbomben in die geknackten Dachstühle aus jahrhundertealtem, trockenem Holz. Blitzschnell entfacht sich der gefürchtete Feuersturm, der sich mit Temperaturen von bis zu 2000 Grad durch die Stadt wälzt und Menschen, Tieren und Gebäuden keine Chance lässt. Drei- bis fünftausend Menschen fallen diesem Angriff kurz vor Kriegsende zum Opfer, Würzburg ist nahezu völlig zerstört, lediglich sieben Häuser überstehen im Stadtkern dieses Inferno. Auch der größte Teil der weltberühmten Würzburger Residenz liegt in Trümmern, doch das Kernstück steht noch: der Zentralbau mit dem gewaltigen Steingewölbe, dessen Zusammenbruch einige Skeptiker schon zu Bauzeiten erwartet hatten, so groß und kühn war es konstruiert. »Und ausgerechnet dieser Bauteil hatte den britischen Bomben stand-

Fürstlich lustwandeln
… das ließ sich im Hofgarten der Würzburger Residenz. Die Baukosten des gesamten Schlosses betrugen seinerzeit stattliche 1,5 Millionen Gulden. Ein Tagelöhner verdiente im Vergleich dazu einen Gulden die Woche (siehe auch Seite 62).

gehalten«, freut sich Raimund Wünsche. Möglicherweise war das dem Umstand zu verdanken, dass der Baumeister der Residenz, Balthasar Neumann, von Haus aus Büchsenmacher und während seiner Militärzeit Festungsbauer war: Er kannte sich sowohl mit der zerstörerischen Kraft von Pulver als auch mit den Möglichkeiten, sich davor zu schützen, aus. 1719 war Balthasar Neumann vom Würzburger Fürstbischof Johann Philipp Franz von Schönborn zum fürstbischöflichen Baudirektor ernannt worden, und sein erster Auftrag sollte sogleich der Auftrag seines Lebens werden: Die Würzburger Residenz, nach dem Krieg originalgetreu wieder aufgebaut, ist »das einheitlichste und außergewöhnlichste aller Barockschlösser«, so begründete 1981 die UNESCO die Ernennung des barocken Juwels zum Weltkulturerbe – Donnerwetter! Neumann hatte sich zuvor in Mailand, Wien und Paris intensiv umgeschaut und auf seinen Reisen vor allem ein Faible entwickelt, das zu seinem Markenzeichen werden sollte: das für die außergewöhnlichsten Treppenhausanlagen seiner Zeit, denn keiner baute so ausgefallen und opulent wie der Mann aus Würzburg! Zunächst: Die Würzburger Residenz war eine Art Drive-in, denn die säulenlose Eingangshalle des Hauptgebäudes war dem Wendekreis von Kutschen angepasst. Die Herrschaften, die die Residenz besuchten, konnten also bis direkt an den Fuß einer gewaltigen Treppe gefahren werden, die in die prunkvolle erste Etage führte. Auf der Hälfte der Treppe erwartete diese ein Wendepodest, von dem aus zwei Treppenläufe weiterführten, einer links, einer rechts. Als adliger Besucher wählte man die Treppe, an deren Ende der Gastgeber, der Fürstbischof, auf einen wartete. Und wenn der Emporsteigende wichtig genug war, kam ihm der Gastgeber sogar einige Stufen

Balthasar Neumann

Balthasar Neumann kam in der böhmischen Stadt Eger am 27. Januar 1687 in einer Tuchmacherfamilie zur Welt. In Würzburg stand er ab 1719 an der Spitze der Bauverwaltung. Seine wichtigsten Auftraggeber waren die Fürstbischöfe von Schönborn: In deren Herrschaftsbereich entstanden neben der Residenz auch zahlreiche Pfarrkirchen. Als Architekt und Ingenieur war er zudem für den Umbau Würzburgs sowie für Brücken- Wasser- und Festungsbauwerke verantwortlich. Mit der Wallfahrtskirche Vierzehnheiligen schuf er ein Meisterwerk barocker Sakralarchitektur. Er starb in seinem Wirkungsort Würzburg am 19. August 1753.

Unten niedrig, oben licht
Die Wirkung des großartigen Treppenhauses der Würzburger Residenz hat Balthasar Neumann raffiniert gesteigert, indem er die Eingangshalle mit einer niedrigen Decke und einem mit Säulen verengten Umgang gestaltete.

entgegen. Was diesen Moment der Annäherung ins Grandiose steigerte: Über dem Hausherrn wölbte sich das größte Deckenfresko der Welt, gemalt von einem Weltstar – Giovanni Battista Tiepolo aus Venedig (siehe auch Abbildung Seite 64). Das riesige Gemälde auf der 19 x 32 Meter großen Treppenhausdecke stellt die vier Erdteile dar, die man bis dahin kannte: Afrika, Amerika, Asien und Europa – Australien wurde ja erst um 1770 durch James Cook für die britische Krone in Besitz genommen. Alle vier Erdteile huldigen übrigens – laut Titel – dem Fürstbischof – so wichtig wollte sich dieser Mann aus Unterfranken schon genommen wissen.

Balthasar Neumann
Der Maler Giovanni Battista Tiepolo hat in seinem Deckenfresko des Treppenhauses der Würzburger Residenz auch den Architekten selbst dargestellt. In blauer Paradeuniform gekleidet, weist ihn die Kanone als Festungsbaumeister aus.

Tiepolo bekam für seine Deckengemälde in Residenz und Schlosskirche 15 000 Gulden, angeblich das Dreizehnfache dessen, was Balthasar Neumann als Baudirektor im Jahr verdiente. Ungerecht? Na ja, auch Neumann hatte seinen Ruf clever genutzt. Er war als Berater und Architekt für rund 100 Projekte, Kirchen, Häuser und Schlösser tätig – oder steuerte nur die gefragten Treppenhäuser bei. Außerdem besaß er zwei florierende Firmen: eine Spiegelschleiferei in Würzburg und eine Glashütte mit rund 140 Angestellten im nahen Schleichach (heute Fabrikschleichach). So war es nur naheliegend, dass er auch seine eigenen Projekte belieferte und auf diese Weise gleich mehrfach verdiente. Das Mitleid über die ungleiche Bezahlung im Vergleich zu Tiepolo dürfte sich also in Grenzen gehalten haben.[3]

Darüber hinaus hat der Maler seinen Baumeisterkollegen – ganz im Sinne seines Auftraggebers – auch auf dem Deckenfresko verewigt. Wenn man den rechten Treppenflügel emporsteigt, schreitet man direkt auf Balthasar Neumann zu: Er sitzt, in blauer Paradeuniform gekleidet und lässig gegen einen Stein gelehnt, am unteren Rand des Freskos und scheint das hektische Gewimmel aus allegorischen Figuren und bedeutenden Menschen um ihn herum ebenso gekonnt zu ignorieren wie den Umstand, dass da gerade ein riesiger Windhund an ihm schnuppert.

Sex, Crime und Vorliebe fürs Organische: Frank Lloyd Wright

Edgar J. Kaufmann, ein reicher Warenhausbesitzer aus Pittsburgh im US-Bundesstaat Pennsylvania, besaß weit vor den Toren der kohleschwarzen Stadt ein wunderschönes Naturgrundstück mit Wasserfall und wünschte sich dort ein Wohnhaus mit Blick auf denselben. Nur: Den Architekten seiner Wahl, den Amerikaner Frank Lloyd Wright, interessierte nichts weniger als der Wille eines Bauherrn, und wenn sich die Gelegenheit bot, fing der egozentrische Mann aus Wisconsin auch schon mal ein Verhältnis mit einer Bauherrin an. So konnte sich der Pittsburgher Warenhausbesitzer vom Architekten wünschen, was er wollte – Wright setzte seine Riegel aus Beton und Naturstein nicht vor, sondern direkt auf den Wasserfall, wo die anfangs geschockten Bewohner ihn nicht sehen, dafür aber ständig hören konnten. Sie müssten eben lernen, mit dem Wasserfall zu leben und nicht ihn nur anschauen wollen, beschied er die Beschwerden der Familie – schließlich gehörte das organische Bauen, bei dem die Natur einbezogen wird, zum Credo von Frank Lloyd Wright. Es stand sozusagen in seinen AGBs.
Heute ist Haus Fallingwater (siehe Abbildung Seite 119) eine Architekturikone, zu der – seit sie als Museum zugänglich ist – jährlich Zigtausende pilgern. Ebenfalls spannend ist der Besuch der Webseite des Hauses, www.fallingwater.org. Dort lässt sich zum Beispiel Schritt für Schritt nachvollziehen, wie Wright den Wasserfall überbaute und im Inneren riesige Räume schuf.
Es ist faszinierend, wenn man sich klarmacht, welch gewaltigen Zeitraum Wrights Leben und Arbeiten überspannen.[4] Geboren 1867, zwei Jahre nach der Ermordung des 16. US-Präsidenten Abraham Lincoln, gestorben 1959, vier Jahre vor der Ermordung des 35. Präsidenten John F. Kennedy. Als Wright eines seiner ersten Betonhäuser – das Oak Park House in Illinois – baute, wurde in Paris gerade der Eiffelturm hochgezogen und in Wounded Knee ein ganzer Lakota-Stamm von der US-Kavallerie ausgelöscht. Zum Zeitpunkt der Erbauung seines letzten Hauses für Norman Lykes in Phoenix/Arizona landete die Sowjetunion gerade ihre Lunik-2-Sonde unbemannt auf dem Mond. Von den Indianerkriegen bis tief hinein ins Raketen- und

Frank Lloyd Wright
Als Verfechter einer »Organischen Architektur« war für ihn ein »gutes Bauwerk nicht jenes, das die Landschaft verletzt, sondern jenes, das die Landschaft schöner macht als sie war vor Errichtung des Bauwerks.« (*Links*)

Seerosen wachsen zum Licht Die Decke des von Wright entworfenen Verwaltungsgebäude der Firma Johnson Wax bestand aus Glasschläuchen, die ein diffuses weiches Licht in die Halle strömen ließen. Seerosenblättern nachempfunden sin die Betonstützen des 1936–1939 errichteten Ziegelbaus. (*Rechts*)

Atomzeitalter: Nie zuvor hatte sich die Welt in so kurzer Zeit so grundlegend verändert wie in dem Zeitfenster, in dem Frank Lloyd Wright lebte.
Und die beiden Extreme, die er selbst erlebte – das Archaische des Wilden Westens und das Atemberaubende des technischen Fortschritts – finden sich bei Wright in genialer Weise ineinander verschlungen, besonders eindrucksvoll in seinen berühmten frühen »Präriehäusern«. Das waren modernste Bauten aus einem raffinierten Mix aus Beton und lokalen Materialen. Und mit einer völlig neuartigen Innengestaltung: Die Wände waren

Frank Lloyd Wright

Am 8. Juni 1867 in der Kleinstadt Richland Center in Wisconsin, USA, geboren, wandte sich Frank Lloyd Wright mit den bis 1910 gebauten »Prairiehäusern« gegen den Zuckerbäckerstil in der amerikanischen Architektur. Sein eigenes Atelier- und Wohnhaus, das er nach dem walisischen Barden »Taliesin« benannte, wurde zum Zentrum einer großen Schülerschaft. Für verschiedene Bauaufgaben entwarf er völlig neuartige räumliche Lösungen, die zu Inkunabeln des Bauens geworden sind. Am 9. April 1959 starb er in Phoenix, Arizona, und wurde in Taliesin beigesetzt.

so weit zurückgenommen, dass man von einem Ende des Hauses zum anderen hindurchblicken konnte. Durch große Fensterflächen wurde der Blick weiter in die Natur geleitet. Das Zentrum des Präriehaustyps war die offene Feuerstelle; später bei »Fallingwater« nutzte Wright dazu einige Felsspitzen, die von unten durch den Wohnzimmerboden »wuchsen«: Wie im Wilden Westen saß man auch in diesen hippen Häusern abends um das Feuer und briet – wenn man das wollte – nach Cowboyart Bohnen mit Speck. Frank Lloyd Wright torpedierte nicht nur mit seinem revolutionären Baustil den viktorianischen Zeitgeschmack, der sich mit seiner Vorliebe für große Aufgänge, repräsentative Säulenfassaden und breite Holzbalkonen noch an Palladio orientierte – auch Wrights Lebensstil war ein Schlag ins Gesicht des prüden Zeitgeists. Er trieb es so wild – seine erste Ehefrau ließ er zum Beispiel mit sechs Kindern sitzen –, dass es, so fand der große amerikanische Schriftsteller T. C. Boyle, Stoff genug für ein ganzes Buch bot: In *Die Frauen* zeichnet Boyle drei Hochzeiten und viele Liebschaften, aber auch ein fürchterliches Verbrechen, nach. Im August 1914, nur wenige Tage nach

Museum mit Kunstanspruch
Das Solomon R. Guggenheim Museum von Frank Lloyd Wright (Entwurf um 1943, 1956–1959 erbaut) sollte eine eigenständige Skulptur im Wolkenkratzer-Dschungel von New York sein.
(Linke Seite, links)

Verschlungene Wege
Rampen und Spiralformen waren seit den 1930er-Jahren in Amerika ein Symbol für Mobilität. Das New Yorker Guggenheim Museum überträgt die für Kinos, Tankstellen und Bars entwickelte Formensprache auf die Präsentation von Kunst.
(Linke Seite, rechts)

Ausbruch des Ersten Weltkriegs, drehte auf Wrights Stammsitz und Atelier »Taliesin« im US-Bundesstaat Wisconsin (siehe Abbildung Seite 118) ein Bediensteter der Familie durch und erschlug mit einem Beil sieben Menschen, darunter Wrights Geliebte Mamah Borthwick Cheney mit ihren beiden Kindern; Wright selbst war an diesem Tag auf Geschäftsreise. Crime, Sex und dann auch noch hochumstrittene Projekte: Es gibt wohl keinen Architekten, der so oft und in so unterschiedlichen Zusammenhängen für Schlagzeilen sorgte. Ein weiterer dieser Wright'schen Schläge ins Gesicht der Konvention war sein weltweit bekanntestes Projekt, das Solomon R. Guggenheim Museum in New York. Ein Museum für moderne Kunst, das die Industriellenfamilie Guggenheim finanzierte. Der eigenwillige Mann setzte sein Konzept der organischen Architektur auch in der Welt der Wolkenkratzer durch: Das Guggenheim erinnert, so ist es vom Schöpfer gewollt, an eine Schnecke. Ein ebenso interessanter wie heiß diskutierter Übergang vom grünen Herzen der Stadt, dem Central Park, in die streng quadratische Sphäre der Upper East-Blocks aus Betonwürfeln. Und auch das Innere war für große Teile der Kunstwelt eine Provokation: Setzten Museen bis dahin auf ein Nacheinander der einzelnen Ausstellungsräume, durch die ihre Besucher nach einer von den Ausstellungsmachern vorgegebenen Logik geführt wurden, schuf Wright hier die längste Bilderwand der Welt. Der Besucher fährt zunächst mit dem Aufzug ganz nach oben und geht dann eine spiralförmige Rampe, die eher an eine Parkhausauffahrt als an einen Kunsttempel erinnert, nach unten. An der durchgehenden Wand zu seiner Linken hängen – eines neben dem anderen aufgereiht – die Gemälde, darunter Meisterwerke von Paul Cézanne, Édouard Manet oder Vincent van Gogh. Die Kunstszene war außer sich: Das Gebäude würde sich wichtiger nehmen als die Kunst darin, das Museum sei ein Kriegserklärung an die Malerei – kurz: Der eigenwillige Mann hatte mal wieder sein Ziel erreicht und für Feuer unterm Dach gesorgt. Für Andreas Hild gehört der Amerikaner Frank Lloyd Wright zu den drei bedeutendsten Architekten der Moderne. Sein nächster Favorit unterscheidet sich in einigen Aspekten nur wenig von Wright – wie zum Beispiel in seinem Riesenego: Wie dieser hielt sich auch der Schweizer Charles-Édouard Jeanneret, besser bekannt unter seinem Markennamen Le Corbusier, für den bedeutendsten Vertreter seines Berufsstandes.

Der Mann, der Paris abreißen wollte: Le Corbusier

Zwei weitere Gemeinsamkeiten, die Le Corbusier mit Frank Lloyd Wright verbinden, sind ihre Vorliebe für flache Dächer und eine Genialität, die sich nicht immer in der Solidität ihrer Bauwerke widerspiegelte. So ist zum Beispiel Le Corbusiers »Villa Savoye« bei Paris ohne Frage ein außergewöhnliches Haus, doch erkannten ihre Besitzer sehr schnell, dass auch ein dichtes Dach etwas Großartiges ist.

Avantgarde-Villen für die Eliten, das war das eine Markenzeichen von Le Corbusier. Das andere: Er gilt als der geistige Vater der Hochhaussiedlungen aus Beton. »Was Le Corbusier so wichtig macht«, führt Andreas Hild aus, »ist der Umstand, dass er sich als einer der Ersten Gedanken über das Wohnen von einfachen Menschen machte«, und zwar nicht unbedingt, weil der Architekt ein Herz für den kleinen Mann hatte, sondern weil er der Überzeugung war, dass sich die schnelle neue Zeit mit ihren veränderten Lebensgewohnheiten auch in der Architektur widerspiegeln müsse. Seine Idee: Massenwohnungsbau durch standardisierte Hochhäuser, die an jedem Ort der Erde errichtet werden könnten. Alle nach einem bestimmten Prinzip gestaltet, dem von ihm entwickelten »Modulor«, einem Proportionssystem, das die Maße des menschlichen Körpers auf die Architektur überträgt. »Wohnmaschinen« sollten seine Häuser sein, mit integrierten Läden und Freizeiteinrichtungen. Wohnen war bei Le Corbusier etwas Hocheffizientes: Unten mit dem Auto reinfahren, auf dem Weg nach oben schnell etwas einkaufen, um dann, ohne

Le Corbusier
Als Architekt interessierte ihn die serielle Herstellung von Modulen, doch das Bauen ohne Kreativität war ihm fremd. Durch seine Formen, glaubte er, rühre ein Architekt »intensiv an unseren Sinnen und erweckt unser Gefühl für die Gestaltung.«

Le Corbusier

Der am 6. Oktober 1887 im schweizerischen La Chaux-de-Fonds geborene Le Corbusier trat mit einer stapelbaren Wohneinheit, dem Pavillon »L'Esprit Nouveau«, 1925 an die Öffentlichkeit. In der Charta von Athen von 1933 konnte er seine Vorstellung einer nach Funktionen aufgeteilten Stadt formulieren, die in der Nachkriegszeit zum städtebaulichen Leitbild wurde. Nach diesem Grundsatz entstand auch die indische Planstadt Chandigarh. Mit der Wallfahrtskirche Ronchamps schuf er 1953–1955 einen beeindruckenden skulpturalen Sakralbau am Rand der Vogesen. Beim Baden an der französischen Mittelmeerküste erlag Le Corbusier am 27. August 1965 einem Herzanfall.

das Haus noch mal verlassen zu müssen, auf dem Balkon mit großartigem Blick die Freizeit zu verbringen.

Ab 1947 begann das Projekt »Wohnmaschine« mit einem 56 Meter hohen und rund 140 Meter langen Stahlbetonskelettbau in Marseille, Le Corbusiers berühmte »Unité d'Habitation«, zu deutsch: Wohneinheit. Das Gebäude besaß 337 zweigeschossige Appartements, eine eigene Ladenstraße in der siebten und achten Etage, eine hauseigene Wäscherei und einen Dachgarten mit Kindergarten, Theater und Sporthalle. Nun: Es wurden dann doch nicht tausende »Unités«, aber immerhin fünf: vier in Frankreich und eine in Berlin, Flatowallee 16, gleich an der S-Bahn-Haltestelle »Olympiastadion«.

Und wie wohnt es sich in einer solchen Architekturikone? Wer drin lebt, schwärmt davon. Wenn man auf die Webseite des Hauses www.corbusierhaus-berlin.de geht, bekommt man nicht nur interessante Einblicke ins Innere der Berliner Unité, sondern auch in den Marktwert der Wohnungen: Ein 33 m²-Apartment mit Cityblick beispielsweise ist für 62 000 Euro zu haben. Einige Wohnungsbesitzer hatten sich in den vergangenen Jahren wohl auch ein Zubrot verdient, indem sie ihre Wohnungen wo-

Eine Stadt in der Stadt
Die Unité d'Habitation in Marseille (1947–1952) versprach standardisierten Komfort mit Klimaanlage, Einbauschränken und Wohnen auf zwei Ebenen. Der Wohnkoloss sollte, neben viel Licht und Sonne, den Bewohnern einen möglichst effizienten Alltag bieten.

Abgehoben
Die Villa Savoye in Poissy bei Paris (1928–1931) steht auf sogenannten »Pilotis«, wie Le Corbusier seine häufig verwendeten Stützen nannte, die ein Gebäude vom Boden abhoben.

chenendweise an Architekturfans vermieteten, was zu einem erbitterten Krach unter den Eigentümern führte.

Eine weitere Einsicht, die der eine oder andere beim Betrachten der Fotogalerie bekommen könnte, ist, dass das Corbusierhaus nicht so schrecklich weit vom dem entfernt ist, was man mit dem Schreckenswort »Platte« bezeichnet. Und dieser Eindruck trügt auch nicht: So hatte Le Corbusier zum Beispiel im Jahr 1925 Paris und die Welt mit seinem »Plan Voisin« geschockt, der den großflächigen Abriss ganzer Altstadtquartiere am rechten Seineufer vorsah; stattdessen wollte er dort 18 Hochhäuser mit jeweils 60 Stockwerken setzen. Man mag sich das gar nicht vorstellen: Riesige Betonklötze statt kleiner Bistros, aber Kuscheligkeit und Stadtteilidylle waren nun einmal nicht die Sache von Le Corbusier. Sein Ideal war die »vertikale« Stadt – offen, mit viel Licht und Grün und einer effizienten Verkehrsanbindung. Nun, zumindest im Zentrum setzte er sich mit seinem Plan nicht durch, aber der Banlieu-Gürtel aus Satellitenstädten um ganz Paris geht – wie die um andere Großstädte auf der ganzen Welt – unmittelbar auf seine Vorstellungen zurück.

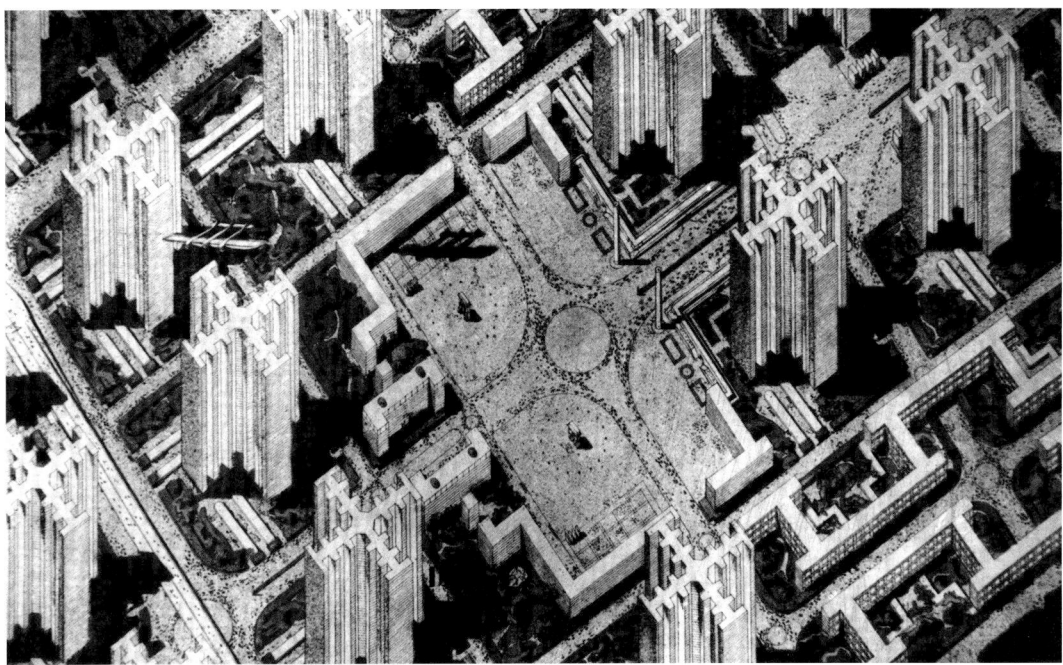

Plan für Paris
Le Corbusiers städtebauliches Projekt des »Plan Voisin« war ein Beitrag zur geplanten Umgestaltung von Paris. Es sah einen Flächenabriss am rechten Seineufer vor. Dort sollten 18 Hochhäuser mit 60 Stockwerken entstehen. Darstellung von 1956.

Vor allem wollte Le Corbusier eines: bauen! Und dafür war ihm fast jedes Mittel recht. Kein Architekt vor ihm hatte sich selbst so kompromisslos zum Markenzeichen stilisiert, mit der berühmten schwarzen Hornbrille, Fliege und streng nach hinten gekämmten Haaren, keiner vor ihm verstand es, sich in den Medien so gekonnt in Szene zu setzen. Und Le Corbusier entwickelte auch eine irritierende Zuneigung zu faschistischen Machthabern wie Benito Mussolini oder Marschall Pétain, dem Chef der mit Adolf Hitler kooperierenden Vichy-Regierung in Frankreich – immer in der Hoffnung, Großaufträge zu bekommen.

Möglicherweise rührte diese Distanzlosigkeit ja daher, dass es ihn selbst faszinierte, bis in das Private hinein zu regieren und die Lebensumstände vorzugeben. Am liebsten hätte Le Corbusier – wieder eine Parallele zu Frank Lloyd Wright – auch noch das Innere der Häuser und Wohnungen eingerichtet, mit seinem Sitzwürfel LC 2 oder der Kalbsfellliege LC 4 zum Beispiel. Darüber hinaus hatte er 63 Farbtöne ausgewählt, aus denen er 14 harmonische Farbreihen zusammenstellte: »Er wusste, wie wir wohnen wollen müssen«, schrieb die FAZ einmal über ihn.[5]

Trendsetter und genialer Resteverwerter: Mies van der Rohe

1957, als der deutsche Architekt Mies van der Rohe in Santiago de Cuba der dort residierenden Bacardi-Chefetage seine Pläne für ihr neues Verwaltungsgebäude vorstellte, ahnte noch keiner, dass zwei Jahre später Fidel Castro an der Macht sein würde und die Besitzer der kubanischen Destille ins amerikanische Exil flüchten würden – das Headquarter wurde nie gebaut. Aber bei Mies van der Rohe verkam nichts: Als er 1962 den Auftrag bekam, in Berlin die Neue Nationalgalerie zu bauen, zog er ohne Zaudern die alten Pläne für die Kantine der Rumzentrale wieder aus der Schublade: »Man kann nicht jeden Montag eine neue Architektur erfinden« war einer seiner berühmten markigen Sprüche, ein anderer: »Weniger ist mehr!«. Und da er dieses »wenig« sehr ernst nahm, war es für ihn unerheblich, ob sich in seinen reduzierten, großen Räumen Manager Bilanzen oder Museumsbesucher Bilder anschauten.

Eigentlich hieß er Maria Ludwig Michael Mies, ab 1922 nahm er ein »van der« und den Geburtsnamen seiner Mutter – Rohe – hinzu. Ein Jahr zuvor hatte der damals 35-Jährige an einem Architekturwettbewerb für ein Bürohochhaus teilgenommen und dort zum ersten Mal seine Idee eines Stahlgerüsts mit vorgehängter Glasfassade präsentiert, eine Idee, der er treu bleiben sollte: Das New Yorker Seagram Building von 1958 ist eines seiner berühmtesten Beispiele dieser » Curtain Wall«- (»Vorhangwand«)-Architektur, bei der die Außenfassade keinerlei tragen-

Ludwig Mies van der Rohe
Die antike Architektur war ihm in ihrer »Schlichtheit« ein Vorbild. Von »den alten Bauten mit ihrer schönen, einfachen Zweckbestimmung, ihrer schönen, einfachen Konstruktion, ihren großartigen Linien, ihren wunderbaren Proportionen« ließ er sich zeit seines Lebens inspirieren. (Oben)

Ludwig Mies van der Rohe

Am 27. März 1886 in Aachen geboren, wendete sich **Ludwig Mies van der Rohe** nach dem Ersten Weltkrieg der künstlerischen Avantgarde zu. Bekannt wurde er mit dem Barcelona-Pavillon zur Weltausstellung 1929, der als niedriger Flachbau auf Stahlstützen für Aufsehen sorgte. Unter seiner Leitung entstand 1927 die »Weißenhofsiedlung« in Stuttgart, eine wegweisende Mustersiedlung der Moderne. Bis 1933 war Mies Leiter des Bauhauses in Dessau/Berlin. Als er 1938 den Ruf an das Armour Institute, das spätere Illinois Institute of Technology, in Chicago erhielt, emigrierte er in die USA. Dort entstanden unter anderem mit der Crown Hall und dem Lake Shore Drive Appartement Building zahlreiche weitere bedeutende Bauwerke. Am 17. August 1969 starb er, mit Ehrungen und Preisen ausgezeichnet, in Chicago.

Glashochhaus
Mies van der Rohes Vision eines Hochhauses für die Berliner Friedrichstraße von 1921 mit komplett verglaster Fassade. Der Entwurf wurde vom Bauherrn als »nicht durchführbar« abgelehnt. (*Oben*)

Weltweit verbreitet
1958 fertiggestellt, wurde das elegante Seagram Building zum Vorbild für zahlreiche Hochhäuser der darauffolgenden Jahre. Das gitterartige Stahlskelett im Innern wurde durch einen »Curtain Wall« aus hochwertiger Bronzeverkleidung und bronzierten Scheiben optisch nach außen gespiegelt. (*Rechts*)

Kunsttempel aus Stahl
Die Neue Nationalgalerie in Berlin (1965–1968) ist ein Stahl-Glasbau. Das Dach besteht aus einem 65 x 65 Meter großen Trägerrost, der auf jeder Seite von zwei schlanken Säulen getragen wird. Damit interpretiert das Gebäude das Verhältnis von tragenden Stützen und lastendem Gebälk, das Thema des griechischen Tempelbaus, ganz neu.

de Funktion mehr hat. Deshalb konnte er sie komplett verglasen, was zu dem damals noch atemberaubenden Effekt führte, dass sich in der Fassade die Skyline New Yorks widerspiegelte (siehe auch Seite 82). Mies van der Rohe war zu diesem Zeitpunkt bereits amerikanischer Staatsbürger, er war 1938 aus Deutschland ausgewandert, weil ihn die nationalsozialistischen Machthaber zunehmend ausgegrenzt hatten. In den Jahren davor war er Leiter eines der aufregendsten Architekturprojekte Deutschlands gewesen, der Weißenhofsiedlung in Stuttgart (siehe auch Seite 116–117). Anlass war eine vom Deutschen Werkbund initiierte Ausstellung zum Thema »Die Wohnung« gewesen. Mies van der Rohe lud 1927 – neben sich selbst – 16 weitere Stars der modernen Architektur wie Walter Gropius, Bruno Taut, Hans Scharoun oder Le Corbusier ein und forderte sie auf, auf einer Brache in bester Stuttgarter Halbhöhenlage Musterhäuser für den modernen Großstadtmenschen zu erstellen. In nur 21 Wochen Bauzeit entstanden so 21 Häuser mit über 60 Wohnungen, eine weltweit einzigartige Ballung der größten Namen zeitgenössischer Architektur. Nochmals zurück zur Neuen Nationalgalerie in Berlin. Für Andreas Hild ist sie – nach Renaissance und Klassizismus – Beleg für ein weiteres Comeback der Antike: »Dieser moderne Bau hat durchaus Ähnlichkeit mit einem antiken Tempel«, sagt er. Und wirklich: Das Podium, zu dem eine Treppe hochführt, die Säulen, die das Dach tragen, und auch der Architrav, das Quergebälk darüber – die Nationalgalerie baut auf denselben Grundelementen auf wie beispielsweise der Parthenon in Athen.

Welche Aufgaben hat ein Architekt heute?

Den Anspruch an einen Architekten formuliere ich persönlich folgendermaßen: Wenn es ihm gelingt, die Anforderung einer Nutzung technisch, ökonomisch und gestalterisch »hinzubekommen«, dann ist eine Architektur gelungen. Damit wäre auch die Formel, die schon der antike römische Architekturtheoretiker Vitruv mit »firmitas« (Stabilität), »utilitas« (Nützlichkeit) und »venustas« (Anmut) aufstellte, erfüllt. Aber sehr oft genügt ein Gebäude nur höchstens einem dieser Kriterien.

Ein Architekt hat heute sehr viel mehr Aufgaben, als lediglich ein Gebäude zu planen. Das Berufsbild ist mittlerweile so vielfältig, dass eine Person alleine die vielen verschiedenen Anforderungen gar nicht mehr erfüllen kann. Deshalb gibt es Spezialisten für die Planung, die Ausschreibung und die Bauleitung. Doch baut der Architekt heute häufig gar nicht mehr immer neue Häuser: Der Umbau und die Sanierung der Gebäudebestände werden eine immer wichtigere Aufgabe. Oft wird auch die Betreuung bereits bestehender Gebäude von Architekten durchgeführt. Wichtig geworden ist zudem das »Ausbessern« von Städten – eine unspektakuläre Aufgabe, die aber für die Lebensqualität der Menschen oftmals entscheidender ist als ein viel beachtetes, neu errichtetes Einzelobjekt.

Wirklich bekannt werden meistens nur die Entwerfer spektakulärer Bauten. Möglicherweise ist es aber gar nicht mehr das vorrangige Ziel, dass ein einzelner Architekt als Person berühmt wird, sondern dass die Architekten als Berufsgruppe dabei mithelfen, die allgemeinen technischen und ökologischen Schwierigkeiten zu lösen, denen wir nicht erst seit dem weltweiten Klimawandel gegenüberstehen. Das heißt konkret Häuser zu bauen, die können, was man wirklich braucht. Die Aufgabe der Architekten, als Vermittler zwischen Investoren und Nutzern zu fungieren, wird in Zukunft in jedem Fall wichtiger werden.

DER BAUHERR

Das Wort selbst sagt es bereits überdeutlich: »Bauherr« ist der, der das Sagen am Bau hat. Weil er das Geld hat, von dem zum Beispiel der Architekt bezahlt wird – so viel zur Theorie. In der Praxis sah das ziemlich oft anders aus. Vor allem, wenn man sich als Bauherr in die Fänge von Architekturstars begab – da drehte sich das Verhältnis auch schon mal ganz schnell um: Der Bauherr war der Geldbeschaffer, der sich aber ansonsten rauszuhalten hatte. So kämpfte Edgar J. Kaufmann bei Frank Lloyd Wright nicht nur vergeblich um einen Standort vor dem Wasserfall, er hatte danach auch mit den Folgen des Standorts auf ihn fertigzuwerden: Schimmel war zum Beispiel in Fallingwater aufgrund der hohen Luftfeuchtigkeit ein ständiger Gast des Hauses, und die riesigen freitragenden Balkone senkten sich unter ihrem eigenen Gewicht ab. Und überhaupt: Von Wright wird kolportiert, er habe einem Bauherrn, der sich beschwerte, dass es ihm durch das Dach ins Abendessen regne, empfohlen, den Esstisch eben irgendwo anders hinzustellen, wo es trocken sei. Und auch bei Le Corbusier gab es immer wieder entsprechende Beschwerden: »Es regnet in den Flur, es regnet auf die Treppe, und die Garagenwand ist pitschnass. Schlimmer ist, dass es immer noch in mein Bad regnet. Bei schlechtem Wetter wird es geradezu überschwemmt, da das Wasser selbst durch das Oberlicht hereinströmt«, beklagte sich die Bauherrin der weltberühmten Villa Savoye.[6]

Auch Le Corbusiers stolzes New Yorker UN-Gebäude von 1953 war ein halbes Jahrhundert später ein »verrotteter Kasten am East River«, wie die Frankfurter Allgemeine respektlos schreibt.[7] Das Hauptquartier wird nun für satte zwei Milliarden Dollar saniert – Nachwirkungen, die ein Bauherr zu tragen hat. Das ist besonders bitter, wenn, wie im Fall der UNO, von diesem Geld einige hundert humanitäre Projekte hätten finanziert werden können.

Ein Bau vereint die Welt
Das Hauptquartier der Vereinten Nationen in New York (1949 –1952) geht auf einen Entwurf Le Corbusiers zurück und wurde von dem amerikanischen Architekten Wallace K. Harrison realisiert. Der Gebäudekomplex besteht aus dem UNO-Hochhaus in Form einer Scheibe und dem Sitzungsbau im Vordergrund.

Mancher Auftraggeber mag von Zeiten träumen, in denen ein Bauwerk vor allem mit dem Namen des Bauherrn verbunden wurde, wie zum Beispiel beim Pantheon in Rom: »M.AGRIPPA.L.F.COS.TERTIUM.FECIT« ist da über dem Eingang ins steinerne Gebälk gemeißelt, zu deutsch (und ohne Abkürzungen) übersetzt: » Marcus Agrippa, Sohn des Lucius und dreimaliger Konsul hat es erbaut« – vom Architekten kein Wort.

Doch es gibt auch die Beispiele, in denen Bauherren den Architekten fast um den Verstand gebracht haben. Ein besonders gern zitiertes Fallbeispiel ist König Ludwig II. von Bayern (1845–1886), der legendäre »Kini«. Der schwärmerische Wagnerfreund wollte sich ab 1869 einen Lebenstraum erfüllen: Neuschwanstein, ein Märchenschloss mit Lohengrin-Wandgemälden und künstlicher Tropfsteinhöhle, die an die Tannhäusersage erinnern sollte. Allein die Tatsache, dass Ludwig die ersten Pläne von einem Theatermaler zeichnen ließ, trieb sicher auch schon damals einem gestandenen Architekten den Blutdruck in die Höhe.

Drei Architekten verschliss der König bis zu seinem mysteriösen Tod am 13. Juni 1886 in den Fluten des Starnberger Sees: Eduard Riedel 1868–1874, Georg von Dollmann 1874–1884 und Julius Hofmann ab 1884. Aber in seinem Selbstverständnis gab es auf der Baustelle sowieso immer nur einen wirklichen Macher: ihn selbst! Ludwig ließ sich jeden einzelnen Entwurf zur Genehmigung vorlegen, veränderte und verwarf ständig: Aus einem einfachen Arbeitszimmer wurde so ein riesiger Thronsaal, ein anderes Mal wurde ein Gästezimmer zum Maurischen Saal veredelt. Die Nerven seiner Architekten lagen blank, wenn sich seine Majestät auf der Baustelle angesagt hatte, was ziemlich oft der Fall war.

Was den Architektenjob besonders schwierig machte: Ludwig war alles andere als rückwärtsgewandt. In die mittelalterliche Kulisse ließ er nur das Modernste vom Modernen einbauen: Doppel-T-Träger waren ebenso Standard wie eine Heißluft-Zentralheizung, Toiletten mit automatischer Spülung, fließend heißes und kaltes Wasser, ein Speiseaufzug, eine elektrische Rufanlage – und in den herrschaftlichen Etagen gab es – neueste technische Errungenschaft – sogar Telefon. »Was Ludwig hier betrieb, war Technik- und Wirtschaftsförderung«, urteilt Raimund Wünsche. Unangenehmer Nebeneffekt dabei: Die Kosten stiegen – nicht zuletzt durch die Vorliebe für spontane Änderungen – ständig. Da seine privaten Mittel nicht ausreichten, nahm Ludwig Kredite auf. Ein hochverschuldeter König, das passte allerdings nicht ins bayerische Selbstverständnis. Daher erschien am 10. Juni 1886 eine Regierungskommission auf Neu-

Ludwig II. von Bayern
»Es ist notwendig, sich Paradiese zu schaffen, poetische Zufluchtsorte, wo man auf einige Zeit die schauderhafte Zeit, in der wir leben, vergessen kann.«

Schloss Neuschwanstein

Architekten: Eduard Riedl, Georg von Dollmann, Julius Hofmann

Bauherr: König Ludwig II. von Bayern

Bauzeit: 1869–1884/1892

Besonderheit: Ludwig II. von Bayern identifizierte sich mit der mittelalterlichen Sagengestalt des Parzival, der durch Reinheit und Glauben zum Gralskönig wird. Diese Vorstellung verwob sich mit seinem metaphysischen Ideal vom byzantinischen Königtum. Das Schloss Neuschwanstein, nur eines von vielen Bauprojekten Ludwigs II., sollte seine Gralsburg werden und der Thronsaal ein stilistisches Abbild der Hagia Sophia in Istanbul.

Der Bauherr « 143

High-Tech-Schloss
Hinter der märchenhaften Kulisse von Schloss Neuschwanstein verbergen sich neueste technische Errungenschaften der damaligen Zeit. Säulen und Gewölbe bestanden oft aus Gusseisen oder Drahtgeflecht, die verputzt und bemalt wirken sollten wie »im echten Stil der alten Ritterburgen«.

schwanstein, wo der König einen fertig gestellten Flügel bewohnte, und verkündete ihm seine Absetzung – drei Tage später war er tot.
War es Selbstmord? Oder hatte jemand nachgeholfen, weil man die architektonischen Eskapaden des gemütskranken Monarchen nicht mehr mittragen wollte? Bis heute sind die genauen Umstände dieses Todes im seichten Uferbereich des Starnberger Sees nicht geklärt.
Ständiger Ärger auf der Baustelle – davon kann auch der Däne Jørn Utzon ein Lied singen. 1957 beteiligte sich der damals 39-jährige Architekt neben 232 anderen Wettbewerbern an einer Ausschreibung des australischen Bundesstaats New South Wales, der in Sydney ein Brach-

grundstück mit spektakulärem Hafenblick besaß und dort ein Opernhaus errichten wollte. Was die Auswahljury an Utzons Entwurf faszinierte: Er war mit seinem eigenwilligen Segeldach äußerst kühn und mit veranschlagten 3,5 Millionen Pfund Kosten äußerst preisgünstig. Was die Auswahljury allerdings ignorierte: Sein Entwurf war nicht viel mehr als eine Grobskizze und noch überhaupt nicht feinkalkuliert. Und so nahm das Schicksal seinen Lauf: Die Australier drängten Utzon, sofort mit dem Bau zu beginnen, noch bevor er alles durchgerechnet hatte. Und dann wurde es eben doch schwieriger, als zunächst gedacht: Vor allem das Dach war eine hochkomplizierte Konstruktion, die sowohl die Planung als auch den Bau in die Länge zog; parallel dazu stiegen auch die Kosten stetig. 1965 hatten sie sich von 3,5 auf 57 Millionen Pfund erhöht – eine Steigerung um satte 1300 Prozent.

Und mindestens ebenso schlimm: Das Bauwerk wurde nicht rechtzeitig fertig. Die feierliche Einweihung sollte am 26. Januar 1965 sein, am Australia Day, dem Nationalfeiertag, einem eminent wichtiger Termin, weil er direkt im Vorfeld von entscheidenden Parlamentswahlen lag und die konservative Regierung den Einweihungspomp natürlich gerne als Wahlkampfhöhepunkt genutzt hätte – und nun das! Der Bauherr, der konservative Ministerpräsident von New South Wales, verlangte jetzt von Utzon ultimativ drastische Einsparungen und wollte ihn zu Zugeständnissen bei der Innenausstattung drängen, was der Architekt mit Hinweis

Opernhaus Sydney

Architekt: Jørn Utzon

Bauherr: Regierung von New South Wales

Bauzeit: 1959–1973

Besonderheit: Die markanten aufgespannten weißen Dächer werden auch als »fünfte Fassade« bezeichnet. Der Bau der Oper wurde begonnen, obwohl die Konstruktionsweise der muschelartigen Dachschalen noch nicht gelöst war. Allein um die statischen Berechnungen durchzuführen, benötigte ein Computer 18 Monate. Nachdem der Druck der Regierung auf den Architekten immer größer wurde, entschied sich Utzon 1966 für die Aufgabe des Projekts. Die Regierung setzte daraufhin ein Team von australischen Architekten ein, die den Bau mit zahlreichen Änderungen vollendeten.

Ikone der Architektur
Mit den aufgerichteten Dachschalen erinnert die Oper von Sydney an ein mit geblähten Segeln kreuzendes Schiff. Viele Australier erkennen in den weißen, spitz zulaufenden Schalen auch die Bauform von Hütten der Südseebewohner.

auf gravierende Nachteile bei der Akustik ablehnte. Daraufhin sperrte die Regierung alle Gelder. Utzon verließ 1966 voller Zorn die Baustelle und Australien – in der Gewissheit, dass man ihn bald reumütig zurückrufen werde. Doch der Ruf blieb aus: New South Wales setzte stattdessen ein junges Architektenteam ein, das die verschlankten Entwürfe umsetzte und den Bau fertigstellte. Am 20. Oktober 1973 schließlich konnte Australiens formelles Staatsoberhaupt, Königin Elisabeth II., das Gebäude einweihen – mit nunmehr acht Jahren Verspätung.

Trotz allem Ärger um Bauzeit und Kostenexplosion: Für den Bauherrn hat sich die Investition gelohnt. Die Oper von Sydney ist ein Touristenmagnet erster Güte. 2007 wurde sie von der UNESCO in das Weltkulturerbe aufgenommen. Wenngleich auch die Akustik – wie von Utzon befürchtet – nicht gerade erste Sahne ist: Wer einmal erlebt hat, wie sich das Sonnenlicht in der Million weißer Keramikfliesen auf den Dachsegeln bricht, wird diesen Anblick nie wieder vergessen.

Jørn Utzon war dieser Kick nicht vergönnt: Er hat bis zu seinem Tod 2008 den Fuß nicht mehr auf australischen Boden gesetzt.

Wie nähert man sich Architektur am besten?

Professor Hild

Architektur beschäftigt sich mit der Gestaltung von Räumen – mit Innenräumen und mit Außenräumen wie die einer Stadt. Raum kann man nicht simulieren, man kann ihn nur erfahren. Hilfreich ist es sich klarzumachen, wie der Raum »zustande kommt«, das heißt, wie die Räume begrenzt und die Oberflächen dieser Begrenzungen ausgeführt sind.

Dabei kann man vom Großen zum Kleinen fortschreiten oder aber auch gewissermaßen »springen« und zunächst ein Detail und dann wieder das Ganze betrachten. Zur Architektur gehört immer das komplette Gebäude – das man zumeist gar nicht auf einmal erfassen kann. Wenn man Architektur wirklich verstehen will, dann sollte man sie unmittelbar erleben, auch wiederkommen und vergleichen.

Professor Wünsche

Nicht abstrakt über den Grundriss, das ist klar. Am besten ist es, direkt in das Gebäude einzutreten und es dann zügig zu durchschreiten – so erschließen sich einem die Hauptachsen –, und dann langsam bis zum Eingang zurückzugehen und sich schließlich alle Neben- und Seitenräume anzuschauen.

Türme immer besteigen! Das Besteigen von Türmen ist heute ein wenig aus der Mode gekommen, aber das ist meiner Meinung nach ein Verlust. Denn von einem Turm herunterzublicken ist wunderschön. Von dort erfassen Sie, was Architektur leistet: Welch eine handwerkliche Kunst es beispielsweise ist, solch riesige Dächer zu bauen, wie das Regenwasser abgeleitet wird und auf welche Weise man Gebäude wind- und wetterfest macht.

DER NUTZER

Antike Stadtvilla
Zwischen einer Ladenzeile im Vorderhaus gelangte man über den Korridor in ein großzügiges Anwesen. Das herrschaftliche »Haus des Fauns« in Pompeji aus dem 2. Jahrhundert vor Christus beeindruckt durch zahlreiche erhaltene Wandmalereien, Stuckdekorationen und Bodenmosaiken.

Bisher war überwiegend von Repräsentationsarchitektur die Rede: von Tempeln, Kirchen, Schlössern, Museen, Opern, und dazwischen kam auch mal eine schicke Privatvilla vor. Aber wie wohnte eigentlich Otto Normalverbraucher im Lauf der Geschichte? Dieser bildet schließlich die erdrückende Mehrheit in der dritten für die Architektur wichtigen Personengruppe: der Nutzer.

Vor Le Corbusier hat sich, wie Andreas Hild anführt, kaum ein Architekt einmal umfassend Gedanken darüber gemacht, wie auch einfache Menschen besser wohnen können. Wie der Wohnalltag einer Arbeiterfamilie bis in die Anfänge des 20. Jahrhunderts hinein aussah, ist auf Seite 72–73 beschrieben. Völlig anders sahen freilich die Wohn- und Lebensqualität aus, wenn man beispielsweise wohlbestallter Staats- oder Commerzienrat war. Dann konnte man sich eine dieser riesigen Großbürgerwohnungen leisten, mit hohen Repräsentationsräumen und kleinen Kammern fürs Gesinde.

An den gesellschaftlichen Unterschieden hat sich seit der Antike im Prinzip wenig geändert. In Herculaneum und Pompeji wurden gut erhaltene Oberschichtvillen ausgegraben, die sich eigentlich nur wenig vom heutigen Standard unterscheiden. Ein entscheidender Unterschied ist allerdings das Bad: »Der römische Bürger ging zum Baden in die öffentliche Therme«, erzählt Raimund Wünsche. In den billigeren Mietwohnungen fehlte zudem noch etwas: das WC. Wer zuhause mal musste, dem blieb der Nachttopf, dessen Inhalt man üblicherweise durchs offene Fenster entsorgte. Auch mit dem Restmüll verfuhr man nicht viel anders: Überall – an Flussufern und Waldrändern – bildeten sich wilde Kippen. Das führte schon in Kleinstädten wie Pompeji zu bedenklichen hygienischen Zuständen, und noch eine Spur härter war das Mieterleben in der Hauptstadt. Rom war übersät von sechs- bis siebenstöckigen, rund 20 Meter hohen Mietskasernen, die den wunderschönen Namen »insulae« – Inseln – trugen, aber alles andere als Inseln des Glücks oder der Erholung waren. Rund 1 Million Römer lebten in solchen »insulae«, meist in drangvoller Enge, die Zimmer waren zugig und ständig feucht, und von den Gassen drang der Gestank von Exkrementen und Müll herauf. Diese Miethäuser waren Spekulationsobjekte, mit denen man schnelles Geld machte. Dementsprechend schnell und billig wurden sie auch hochgezogen – mit oft fatalen Folgen: »Der römische Dichter Martial sagte einmal, dass er in Rom nachts nicht schlafen könne, weil er immer vom Krach zusammenbrechender Häuser aufgeweckt würde«, weiß Raimund Wünsche. Einstürzende Neubauten sind also ein uraltes Phänomen. Und Geschäftemacher nutzten es eben schon immer aus, wenn es viele Menschen an einen bestimmten Ort zog.

Deutlich besser waren die Chancen auf eine gute Wohnung, wenn händeringend römische Bürger gesucht wurden, die sich in einer fernen Garnisonsstadt, etwa im nasskalten Germanien, ansiedeln sollten – sicher eine der weniger gefragten Ecken des Römischen Reiches, und dementsprechend großzügig waren dann auch die offiziellen Anreize.

Ähnlich verlief es auch im Barock, als es große Mode war, mitten in der Wildnis Reißbrettstädte aus dem Boden zu stampfen. Der Legende nach soll zum Beispiel Karl-Wilhelm, Markgraf von Baden-Durlach, während eines Jagdausritts, bei dem er einschlief, den Traum gehabt haben, eine prachtvolle Stadt mit zentralem Schloss im Zentrum zu errichten – folglich erhielt die Stadt den schönen Namen »Karls Ruhe«. Fehlten nur noch die Städter. Die lockte Durchlaucht 1715 mit einem Privilegienbrief in die Wildnis: Jeder Siedler bekam kostenlos ein Grundstück, Bauholz und Sand, genoss – damals überhaupt nicht selbstverständlich – Religionsfreiheit, musste zwanzig Jahre lang keinerlei Steuern bezahlen und blieb in dieser Zeit auch von den nervtötenden Einquartierungen durchziehender Soldaten verschont. Und das war noch nicht alles: »Es ist der erklärte und wahrhafte Wille des Markgrafen, die gewährten Freiheiten, Privilegien, Immunitäten und Ausnahmen eher auszuweiten als zu beschränken« – das war ein Wort! Und eine klassische Win-win-Situation, von der alle profitieren: Für die Untertanen zahlte sich das in Heller, Pfennig und Freiheiten aus, und der Marktgraf bekam seine Zeitgeist-Metropole. Allerdings: Wie ein Haus dort auszusehen hatte, war genauestens festgelegt, man war ja schließlich noch im absolutistischen Barock.[8]

Fächerstadt
Karlsruhe in einem Vogelschauplan von 1739. Markgraf Karl Wilhelm von Baden-Durlach legte 1715 den Grundstein zu der am Reißbrett entworfenen Barockstadt. Der oktogonale Turm und die stumpfwinklig angeordneten Flügel des Schlosses bilden den Ausgangspunkt für die fächerförmige Stadtanlage, die bis heute das Straßennetz bestimmt. *(Rechte Seite)*

Der Nutzer « 149

An dieser Stelle kommt eine interessante psychologische Komponente ins Spiel: der Zusammenhang zwischen Architektur und Lebensglück. Bedingt eines das andere? Machen Sie selbst mal den Test und stellen Sie in Ihrem Umfeld die Frage: »Wenn Du Deinen Lebenstraum fotografieren könntest, was wäre auf dem Foto drauf?« Sie werden feststellen: Es wird kaum Bilder von Kontoauszügen oder tiefer gelegten SUVs mit Doppelvergaser und

Alufelgen geben, dafür aber sehr viele mit einem Haus im Grünen drauf – in überwältigender Mehrzahl mit spielenden Kindern im Garten. Billiges Klischee? Nein, sondern handfester Motivator: Für das Ziel »Haus mit Familie« sind wir bereit, uns bucklig zu schuften und jegliche Unannehmlichkeit zu ertragen – Architektur ist eben nicht nur Schutz gegen Regen und Kälte, sondern auch Stoff gewordenes Lebensglück. Doch umgekehrt gilt das leider auch: Achten Sie mal in den Nachrichten darauf, wie viele Negativmeldungen unmittelbar damit zu tun haben, dass Wohnbedingungen nicht menschenwürdig sind: Ethnische Konflikte in überfüllten afrikanischen Flüchtlingslagern, Bandenkriminalität in südamerikanischen Wellblech-Favelas, Selbstmordattentäter aus heruntergekommenen Palästinensersiedlungen in der Westbank. Oder randalierende Jugendliche in französischen Vorstädten – kaum irgendwo hat sich wohl die ursprüngliche Idee von mehr Licht, Luft, Raum und Wohnkomfort stärker in ihr Gegenteil verkehrt als in den Hochhausvierteln der Pariser Banlieues, in denen heute überwiegend sozial benachteiligte Minderheiten wohnen, die

Bilbao-Effekt
Das Aufsehen erregende Guggenheim Museum Bilbao wurde nach seiner Fertigstellung 1997 zum Besuchermagnet. Die Schneckenform des New Yorker Guggenheim Museums aufgreifend, wird hier die Spirale in Teilstücke »zertrümmert« und zu einer völlig neuartigen Architekturskulptur aufgetürmt. Damit entfernt es sich vom Gedanken der auf klaren Formen beruhenden Architekturmoderne und wird zum Klassiker dekonstruktivistischer Architektur.

sich immer wieder mit brennenden Barrikaden ins öffentliche Bewusstsein bringen. Wer aus diesen seelenlosen Betonwüsten kommt, hat ein echtes Imageproblem. Und wenn es doch einer schaffen sollte, dann ist *das* häufig sein erster Impuls: Wegziehen, in eine »bessere« Gegend …

Ist die Architektur nun etwa Schuld an alledem? Nein, aber sie ist ein mächtiger Verstärker von Unzufriedenheit, weil sie unbarmherzig verdeutlicht, wie weit das reale Lebensumfeld von dem entfernt ist, was auf dem Foto vom Lebenstraum zu sehen ist. Allerdings ist zu beachten: Nicht nur die eigene Wohnung allein ist hierbei der Maßstab, sondern auch das unmittelbare Wohnumfeld. In einer engen, kleine Wohnung ist deutlich besser auszuhalten, wenn sie nicht in einer tristen Vorstadt, sondern einem lebendigen Viertel mit originellen Läden, netten Wein- und Gemüsehandlungen, sauberen Spielplätzen und duften Kneipen liegt.

Ein schönes Beispiel dafür, wie Architektur das Lebensgefühl komplett ins Positive wenden kann, ist Bilbao im nordspanischen Baskenland. In einer Bergwerkregion gelegen, war die Stadt zu einem industriellen Zentrum geworden, in dem qualmende Eisenhütten und Hochöfen das Stadtbild prägten. Als aber in den 1970ern der industrielle Niedergang begann, war Bilbao nur noch grau, schmutzig und ohne Perspektive. War Glück oder eine genial gute Nase die Ursache, dass in dieser Situation die baskische Regierung und die Solomon R. Guggenheim-Stiftung sich begegneten? Die einen auf der Suche nach einer urbanen Zukunft, die anderen nach einem interessanten Standort für einen weiteren Ableger der Guggenheim

---

Solomon R. Guggenheim Museum in Bilbao

Architekt: Frank O. Gehry

Bauzeit: 1993–1997

Besonderheit: Das Guggenheim Bilbao in Spanien ist Teil der Guggenheim Foundation in New York und Kernstück des Stadtumbaus der baskischen Stadt Bilbao. Das vielfältige Raumprogramm des Museums wurde für die Kunst des 20. Jahrhunderts entwickelt. Der Bau selbst ist eine komplexe Stahlkonstruktion, die mit Sandsteinmauerwerk, großflächigen Glaswänden und einer hauchdünnen, zu Kissen gewölbten Außenhaut aus Titanplatten verkleidet ist. Die geschwungenen Bauformen wurden mit einem ursprünglich in der Flugzeugindustrie verwendeten Computerprogramm berechnet.

Museen. 1993 begannen schließlich die Arbeiten am Guggenheim Bilbao, einem Bauwerk, das die ganze Region in einen Taumel versetzen sollte. Für jeden Nordspanien-Touristen ist dieses Museum für moderne Kunst ein absolutes Muss: Am spannendsten ist es, wenn man sich dem Gebäude von der Innenstadt her zu Fuß nähert, am besten durch die enge Calle de Iparraguirre – ganz hinten, am Ende der unaufregenden Häuserschlucht sieht man es dann schon verheißungsvoll im Sonnenlicht blitzen – aber eben nur in einem schmalen Hochkantausschnitt – und Schritt für Schritt erkennt man etwas mehr, ohne sich vom Ganzen ein Bild machen zu können. Das ist erst der Fall, wenn man aus dem Straßengewirr heraus auf den freien Platz vor dem Museum tritt – und es raubt einem geradezu den Atem! Das riesige, titanglänzende Durch- und Ineinander aus tonnenartigen Gebäudeteilen, wellenförmigen Wänden und schiffsrumpfartigen Dachaufbauten ist einfach umwerfend! Was der amerikanische Stararchitekt Frank O. Gehry da an das Ufer des Rio Nervión gebaut hat, veränderte die ganze Stadt: Eine Million Besucher pro Jahr, davon 60 % aus dem Ausland. Selten zuvor hat ein einziges Bauwerk eine derartige magnetische Kraft entwickelt wie dieses – Bilbao-Effekt heißt ein solcher Boom mittlerweile in der Branche, ein wirtschaftlicher Aufschwung made by Architektur. Das Ende dieses Buchs gehört der Philosophie. Der in England lebende Schweizer Alain de Botton hat ein wunderschönes Buch geschrieben: *Glück und Architektur – von der Kunst, daheim zu Hause zu sein.* Darin findet sich ein Gedanke mit Schlusswortqualität: »Nur selten ... geben Gebäude zu erkennen, welche Mühen es gekostet hat, sie zu errichten ... Erst wenn wir uns selbst daran versuchen, ein Haus zu bauen, lernen wir die Qualen kennen, die damit verbunden sind, Baumaterialien und Arbeitern unseren Willen aufzuzwingen, dafür zu sorgen, dass zwei Fenster in gerader Reihe angebracht werden, dass eine Lampe in symmetrischer Flucht über der Treppe hängt, der Boiler anspringt, wann er soll, und die Betonsäulen widerstandslos das Gewicht der Dachkonstruktion auf sich nehmen.«[9] In diesem Sinne ziehen wir am Ende dieses Buchs den Hut auch vor all den Namenlosen, die die genialen Entwürfe eines Marcus Agrippa, Brunelleschi, Mies van der Rohe oder Frank O. Gehry erst ermöglicht haben – die Bauarbeiter, Techniker, Ingenieure, Statiker und Handwerker. Chapeau! Auch ihr habt einen tollen Job gemacht!

Welche Signale müssen Gebäude aussenden, damit man sich darin wohlfühlt?

Humane Proportionen – Gebäude und Räume sollten ein menschliches Maß haben! Hochhäuser haben diese nicht unbedingt. Außerdem gilt: Die Werkstoffe Ziegel und Holz sind im Allgemeinen wärmer als Beton. Ein weiterer Faktor ist die Kleingliedrigkeit der Baustoffe. So fördern zum Beispiel Ziegel oder Natursteine das Wohlgefühl häufig stärker als eine ungegliederte große Wand, die gleichförmig verputzt oder aus Beton gegossen ist. Ab einer gewissen Größe wirkt ein Raum abweisend: Selbst die großen Schlösser der Barockzeit haben die Zimmer additiv angeordnet. Es sind viele, aber in ihrer Größe überschaubare Räume, die dem menschlichen Maßstab entsprechen. Hinzu kommt ein weiterer Punkt: Wohlfühlen kann man sich nur in einem Gebäude, dessen Funktion durch den Stil definiert ist. Das heißt, die Funktion führt zu einer bestimmten Bauform, die in einer gewissen Weise mustergültig wird. Nehmen wir zum Beispiel den Bahnhof. Er sieht überall im Prinzip ähnlich aus – durch die Funktion, die einem geläufig ist. Und dadurch fühlt man sich wohl. In einer Kirche hingegen, die wie eine Liftstation aussieht, kann man nicht beten. Ein Wohnhaus betritt man lieber durch die ebenerdige Tür als durch die Tiefgarage. Zusammenfassend kann man sagen, dass man sich in einem Gebäude wohlfühlt, dessen Funktion klar und überzeugend ist.

DER PERSÖNLICHE TIPP

ARCHITEKTUR-ENSEMBLES

Welche Architekturensembles sollten Sie unbedingt einmal besichtigen?

Professor Wünsche empfiehlt: Der Wiener Ring

Auf der Linie der früheren Stadtbefestigung Wiens entstand im 19. Jahrhundert ein prächtiger Boulevard: der Wiener Ring. Wie auf einer Perlenschnur reihen sich über gerade einmal eineinhalb Kilometer repräsentative Wiener Bauten aus dem späten Mittelalter bis heute. Eindrucksvoll ist die Wiener Staatsoper, ein 1869 eröffneter Neorenaissancebau; zurückgesetzt folgt der klassizistische Bau der Albertina. In der weitläufigen Hofburg, der Residenz der Habsburger, lassen sich 700 Jahre Architekturgeschichte studieren. Auf dem Areal ist zum Beispiel die Spanische Hofreitschule mit dem beeindruckenden barocken Reitsaal von Joseph Emanuel Fischer von Erlach zu finden. Auf der anderen Seite des Rings wurde in den letzten Jahren neben dem Kunsthistorischen Museum von Gottfried Semper das neue MuseumsQuartier errichtet. Parlament, Rathaus, Universität und das von Semper

Das MuseumsQuartier in Wien

An der Wiener Ringstraße gelegen, beherbergt das 2001 eröffnete MuseumsQuartier zahlreiche Kulturinstitutionen und Museen, unter anderem das Leopold Museum mit der weltweit größten Sammlung von Werken Egon Schieles.

gebaute Burgtheater beschließen den Architekturspaziergang. Und wer noch einen Fuß in die Antike setzen möchte: Gleich nebenan im Volksgarten kann man eine verkleinerte Nachbildung eines griechischen Tempels bewundern.

Professor Wünsche empfiehlt: Das Kapitol in Rom

Der kleinste der sieben Hügel Roms spielte für die Ewige Stadt architektonisch und historisch von der Antike bis ins 19. Jahrhundert eine wichtige Rolle. Der steil aufragende Felsen wurde bereits in der Antike als Festung ausgebaut. Aus der Zeit der römischen Republik stammt das sogenannte »Tabularium«, das Staatsarchiv des römischen Reichs, in dem Gesetze, Verträge und Erlasse gesammelt wurden. Auf den gewaltigen Fundamenten des Tabulariums wurde nach Plänen des Renaissance-Baumeisters Michelangelo der Senatorenpalast, das Rathaus der Stadt, erbaut. Zum Gebäudeensemble auf dem Kapitol gehören auch der Palazzo Nuovo und der Palazzo dei Conservatori, in denen sich die Kapitolinischen Museen befinden. Sie beherbergen eine immense Sammlung antiker Skulpturen, unter anderem die berühmte Figur des Dornausziehers und die – allerdings erst in nachantiker Zeit entstandene – Kapitolinische Wölfin, die Romulus und Remus säugt. Teil der Museen ist ein unterirdischer Gang, der einen Einblick in die Anlage des antiken »Tabulariums« gewährt.

Professor Hild empfiehlt: Die Altstadt von München

Es gibt ganz viele ganz tolle Gebäude, die man besuchen kann, um etwas über Architektur zu erfahren. Das Wichtigste für mich an Architektur ist aber das Miteinander von ganz unterschiedlichen Häusern und Zeiten, die Gleichzeitigkeit von unterschiedlichen Architekturen. Das kann man am besten in einer ganz normalen Stadt erleben. Gehen Sie beispielsweise durch die Altstadt von München, schauen Sie genau hin: Da ist gar nicht alles alt! Was alt scheint, ist oft Wiederaufbau nach dem Krieg. Sie sehen alte Häuser, die später weitergebaut wurden. Klassizistische Bauten neben zeitgenössischen Gebäuden. Auch die eine oder andere Ecke, die etwas lieblos wirkt. Alles zusammen ein Amalgam, das den Gestaltungswillen und die Geschichte von vielen Jahrhunderten abbildet und dennoch irgendwie miteinander auskommt: das ist Architektur.

Welche Architekturmuseen sollten Sie unbedingt einmal besichtigen?

Das Deutsche Architekturmuseum in Frankfurt am Main

»Von der Urhütte bis zum Wolkenkratzer« heißt die Dauerausstellung des Deutschen Architekturmuseums (DAM). Als Besucher bekommen Sie in 24 riesigen Modellen einen Überblick über die Geschichte der Architektur: Da sind unter anderem das Forum in Pompeji, der Kristallpalast in London und die Skyline von Manhattan zu bestaunen. Architekturgeschichte geschrieben hat auch das Gebäude selbst: Der Architekt Oswald Maria Ungers stellte einen weißen Stahlbetonbau in eine Gründerzeitvilla am Mainufer.

Die Cité de l'architecture et du patrimoine in Paris

Nur wenige Gehminuten vom Eiffelturm entfernt wurde 2007 das größte Architekturmuseum der Welt eröffnet. Als nationales Architekturzentrum Frankreichs beherbergt es einzigartige Kopien von französischen Monumenten wie ein ganzes Kirchenportal und Giebelskulpturen der bedeutenden Kathedralen von Reims, Chartres, Straßburg und Paris. Ein besonderer Clou ist die Rekonstruktion einer 3-Zimmer-Sozialwohnung von Le Corbusier.

Der Vitra-Campus in Weil am Rhein

Zahlreiche Stararchitekten haben auf dem Gelände der Designfirma Vitra ihre gebauten Spuren hinterlassen. Auf engstem Raum entstand seit 1981 ein Gebäudeensemble, das einen grandiosen Überblick über die zeitgenössische Architektur gibt. Von Zaha M. Hadid, der ersten Frau, die den Architektur-Oskar, den Pritzker-Preis, erhalten hat, stammt das firmeneigene Feuerwehrhaus. Der dekonstruktivistische Bau machte 1993 Furore. 2010 wurde eine neue Produktionshalle des japanischen Architektenduos SANAA, ebenfalls Pritzker-Preisträger, fertiggestellt.

Endnoten

Kapitel 1:
Die Geschichte der Architektur in neun Stationen

[1] Vgl. Pausanias, *Beschreibung Griechenlands*, 1, 24, 5–7.
[2] Einen guten Eindruck davon erhalten Sie, wenn Sie auf http://www.360cities.net (Suchwort: Chartres) virtuell durch die verschiedenen Bereiche der Kathedrale schlendern.
[3] Quelle: »Arbeiterwohnen im 19. Jahrhundert«, vgl. http://giesau.com/jan/download/arbeiterwohnen.pdf.

Kapitel 2:
Die Technik des Bauens anhand von fünf Baumaterialien

[1] Vgl. Rolf Schlenker, *Steinzeit – Leben wie vor 5000 Jahren*, Stuttgart 2007, S. 32.
[2] Siehe hierzu ebenfalls: http://www.stonepages.de.
[3] Vgl. Udo Peil, *Die große Kuppel von Florenz – Statik und Intuition im 15. Jahrhundert*, Berlin 2007.
[4] Eine faszinierende Idee, die zum Beispiel die Ingenieurkammer Bau von Nordrhein-Westfalen zu einem spannenden Schülerwettbewerb ausgebaut hat. Siehe hierzu: http://www.ikbaunrw.de/499.0.html.

Kapitel 3:
Die drei Protagonisten der Architektur

[1] Quelle: http://www.badische-zeitung.de/kultur-sonstige/er-erfand-das-weisse-haus--7575569.html.
[2] Quelle: http://www.thisislondon.co.uk/arts/review-23631850-palladio-the-pedant.do, London Evening Standard 30.1.2009.
[3] Quelle: http://www.pressglas-korrespondenz.de/aktuelles/pdf/pk-2009-4w-sg-neumann-fabrikschleichach.pdf.
[4] Siehe hierzu: www.fallingwater.org. Pfad Explore/Multimedia/Timeline.
[5] Quelle: www.faz.net, 11.3.2009.
[6] Quelle: »Das umstrittene Genie«, www.stern.de/kultur, 10.7.2009.
[7] Vgl. FAS, 17.10.2010, S. 30.
[8] Quelle: www.karlsruhe.de/kultur/stadtgeschichte.
[9] Quelle: Alain de Botton, *Glück und Architektur*, Frankfurt a. M. 2008, S. 15.

Personenregister

Kursiv gedruckte Seitenzahlen verweisen auf Abbildungen.

A
Agrippa, Marcus 141
Ahlborn, Wilhelm *66*
Alarich I. 50
Asam, Cosmas Damian *57*
Asam, Egid Quirin *57*

B
Bähr, George 115
Ban, Shigeru *91*
Benedikt von Nursia 31
Borthwick Chaney, Mamah 131
Botton, Alain de 152
Boyle, T. C. 130
Brunelleschi, Filippo 100f.

C
Chipperfield, David 27

D
Dollmann, Georg von 142

E
Eadwinus *32*

F
Fattori, Giuseppe *101*
Fischer von Erlach, Joseph Emanuel 155

G
Gehry, Frank O. *150,* 151f.,
Graves Otis, Elisha 78f., *79,* 83
Grez, Guillaume de 114
Gropius, Walter 82, 138
Guggenheim, Familie 131
Gutenberg, Johannes 56

H
Hadid, Zaha M. 156
Hadrian 105
Hardouin-Mansart, Jules 59, 61
Harrison, Wallace K. 141, *141*
Heinrich II., Pfalzgraf von Laach 36, 86
Hoban, James 120, 121
Hofmann, Julius 142

I
Iktinos 23

J
Jefferson, Thomas 120
John, Brian 95

K
Kallikrates 23
Karl V. 58
Karl Martell 30, 46
Karl-Wilhelm, Markgraf von Baden-Durlach 148
Kaufmann, Edgar J. 128, 140
Klenze, Leo von 69f., *71*

L
Le Corbusier 119, 131–135, *132, 133, 134, 135,* 138, 140, 147, 156
Le Vau, Louis 59
Leonardo da Vinci, 51f., *51, 112,* 115
Loutherbourg d. J., Philipp Jakob 111, *111*

Ludwig I. 70
Ludwig II. 141–143, *142, 143*
Ludwig XIV. 46, *59*, 61f.
Ludwig XVI. 63
Luther, Martin 57
Lykes, Norman 128

M
Marie Antoinette 63
Martial 148
Medici, Cosimo de' 53, *53*, 55, 59, 86
Michelangelo 154
Michelozzo di Bartolomeo 52f., 55
Mies van der Rohe, Ludwig 27, 82, 119, 136–138, *138, 139*
Monier, Joseph 107
Mussolini, Benito 135

N
Neri di Fioravanti 99
Neumann, Balthasar 119, 124–127, *124, 126*

P
Palladio, Andrea 119–123, *121, 122, 123*
Pausanias 24
Paxton, Joseph 75, 77
Peil, Udo 99
Perikles 23
Petain, Philippe 135
Pontormo, Jacopo *53*
Pritchard, Thomas 111

R
Riedl, Eduard 142
Rigaud, Hyacinthe *59*, 61

S
Saenredam, Pieter Jansz *58*
Scharoun, Hans 138
Schiele, Egon 154
Schönborn, Fürstbischof Johann Philipp Franz von 125
Semper, Gottfried 155
Severance, Craig 81
Smeaton, John 107
Strickland, William *120*

T
Taut, Bruno 138
Theophanu 39
Tiepolo, Giovanni Battista 63, *64*, 126f., *127*

U
Ungers, Oswald Maria 156
Utzon, Jørn 143–145, *145*

V
Vasari, Giorgio 50, 100, *100*
Vitruv 27, 50f., 139

W
William van Alen 81f.
Wright, Frank Lloyd 118f., *118, 119*, 128–131, *129, 130*

Y
Young, Andrew 95

Zu den Autoren

Rolf Schlenker ist Wissenschaftsjournalist und Redakteur in der Fernsehkultur des Südwestrundfunks. Neben internationalen Wissenschaftsdokumentationen war er für mehrere Aufsehen erregende Fernsehexperimente in der ARD wie »Von Null auf 42« oder »Steinzeit – Das Experiment« verantwortlich. Für die Zeitreise »Schwarzwaldhaus 1902« wurde er 2003 mit dem Adolf-Grimme-Preis ausgezeichnet.

Katrin Grünewald ist Fernsehredakteurin beim Südwestrundfunk. Sie war für verschiedene Magazinsendungen tätig und betreut heute Kinder- und Familienprogramme. Nach einem kunst- und baugeschichtlichen Studium volontierte sie im Evangelischen Medienhaus in Stuttgart und arbeitete als Filmautorin und Architekturkritikerin. Zuletzt war sie an einer Ausstellung über den Stuttgarter Architekten Rolf Gutbrod beteiligt.

Bildnachweis

Museen und Sammlungen: Berlin, Nationalgalerie, Staatliche Museen zu Berlin, 66; Florenz, Galleria d'Arte Moderna, 101 rechts; London, Science Museum, 111; München, Neue Pinakothek, 71; Paris, Bibliothèque Nationale, 49; Venedig, Gallerie dell'Accademia, 51. **Agenturen und Fotografen:** **akg-images** 10–11, 13, 16, 20, 22, 38, 39, 43, 44, 46 oben, 47, 49, 51, 52, 53, 59 oben, 60, 62 rechts, 68, 70, 71, 73, 74, 78, 80, 87, 88–89, 92 links, 97, 99 rechts, 100 unten, 101 rechts, 102 rechts, 109 alle, 112, 114, 115 unten, 116–117, 118, 120, 121 alle, 122 alle, 123 alle, 124, 126, 127, 130 alle, 132, 134, 135, 136, 137 links, 141, 142, 147, 149; **bpk** 66; **Bridgeman** 111; **Corbis** 6, 101 links, 129 alle; **Getty Images** 15; **Michael Jeiter** 37, 41; **Andreas Lechtape** 34; **mauritius images** 18, 83, 84, 85, 91 alle, 92 rechts, 93 alle, 94, 96 oben, 99 links, 102 links, 103, 104, 105 alle, 106, 110, 119 rechts, 133, 137 rechts, 138, 143, 145, 150, 154; **Peter Mayer** 24, 25; **picture alliance** 76, 79, 119 links.
Die übrigen Abbildungen stammen aus dem Archiv des Verlags.

© akg/Bildarchiv Monheim, 10–11, 20, 38, 46 oben, 59 oben, 62 rechts, 123 links, 126 © akg/Bildarchiv Steffens, 13, 147 © akg-images/Erich Lessing, 16, 122 links, 127 © Hervé Champollion/akg-images, 22, 44, 60, 92 links, 97 © akg-images/VISIOARS, 49 © akg-images/Orsi Battaglini, 52, 100 unten © akg-images/Rabatti-Dominigie, 53, 99 rechts, 101 rechts © akg-images/Hilbich, 68, 70, 124 © akg/historic-maps/Theodore R., 78 © akg-images/Andrea Jemolo, 80 © akg-images/Werner Forman, 87 © akg-images/Imagno/Anonym, 88–89 © akg-images/Stefan Drechsel, 102 rechts, 116–117 © fabpics/akg, 109 alle © akg-images/Electa, 112, 121 oben, 122 rechts © akg-images/Doris Poklekowski, 114 © akg-images/Schütze/Rodemann, 115 unten, 134 © Rabascall/akg-images, 118 © akg-images/Cameraphoto, 121 rechts unten © akg-images/L. M. Peter, 130 alle © akg-images/Paul Almasy, 135 © akg-images/De Agostini Pict. Li., 141 © bpk/Nationalgalerie, SMB/Jörg P. Anders, 66 © Science Museum, London, UK/Bridgeman Berlin, 111 © Ken Redding/CORBIS, 6, 101 links © Bettmann/CORBIS, 129 links © Farrell Grehan/CORBIS, 129 rechts © Dorling Kindersley, 15 © mauritius images/Steve Vidler, 18, 85 © mauritius images/SuperStock, 83, 84 © mauritius images/imagebroker/Bernard, 91 alle © mauritius images/Hans-Peter Merten, 92 rechts © mauritius images/Hiroshi Higuchi, 93 links © mauritius images/imagebroker/Caroline Kreutzer, 93 rechts © mauritius images/CuboImages, 94 © mauritius images/age, 96 oben, 102 links, 103, 119 rechts © mauritius images/imagebroker/Martin Siepmann, 99 links, 106 © mauritius images/Westend61, 104 © mauritius images/Photo Alto – ès collection, 105 links © mauritius images/Axiom Photographic, 105 rechts © mauritius images/Imagebroker/mrp, 110 © mauritius images/Julian Birbrajer, 133 © mauritius images/photolibrary, 137 rechts © mauritius images/imagebroker/Jürgen Henkelmann, 138 © mauritius images/Bridge, 143 © mauritius images/Grafica, 145 © mauritius images/Photononstop, 150 © mauritius images/imagebroker/Knut Schulz, 154 © picture-alliance/imagestate/HIP/CorporationofLondon, 76 © picture-alliance/Everett Collection, 79 © picture-alliance/Martin Jones/Arcaid, 119 links © SWR/Nowak, 14. Für alle Werke von Frank Lloyd Wright und Mies van der Rohe © VG Bild-Kunst, Bonn 2011. Für alle Werke von Le Corbusier © FLC/VG Bild-Kunst, Bonn 2011.

Der Verlag hat sich um die Beachtung der gesetzlichen Vorschriften bezüglich des Copyrights bemüht. Wer darüber hinaus noch annimmt, Ansprüche geltend machen zu können, wird gebeten, sich an den Verlag zu wenden.